⊙心理出版社⊙

讓我們更快樂

理性情緒教育課程（合訂本）

吳武典 指導 ● 吳麗娟 著

謹以此書獻給——

我最摯愛的先父

廉儒公逝世三週年紀念

作者簡介

吳麗娟

- 湖南省安化縣人
- 國立台灣師範大學教育心理學系學士
- 國立台灣師範大學輔導研究所碩士
- 美國奧瑞岡大學諮商心理學哲學博士
- 曾任台北市明德國中專任輔導教師
　　　國立台灣師範大學教育心理與輔導學系講師
- 現任國立台灣師範大學教育心理與輔導學系副教授

吳　序

　　每個人都想要快樂，但却不一定都能得到快樂，有時甚至求樂不得，反得痛苦。這是怎麼回事呢？難道是財富不足？權勢不夠？或是時運不佳？都不是。快樂與煩惱與這些都無直接關係。事實上，只有一個人能決定你的快樂或痛苦，那就是─你自己！

　　快樂與煩惱皆由自取，這是理情治療（Rational Emotive Therapy）的基本信念。理情治療理論是由臨床心理學者愛伯特·伊里士（Albert Ellis）於 1955 年所創，强調認知的重建，藉以克服個人自我貶損的價值體系及獲得更合理、更寬容的生活哲學。我們是自己情緒的主宰者，我們可藉著改變、修正自己的想法來消除情緒障礙。透過解說、證明、放棄、重建四個階段，去除非理性想法，建立合理的信念。這種自我分析、自我統整的過程，正是絕佳的自我教育的過程。輔導者或教師也可藉此幫助當事人或學生透過重新覺知達到行為改變的目的，在心理治療、輔導或課程設計上均有重要意義。

　　吳麗娟女士於師大教心系畢業後在學校從事輔導實務工作時，卽沈醉於理情治療，在師大輔導研究所進修期間，更浸淫其中，極有心得，前年（民 74 ）以「理情教育課程對國中學生理性思考、情緒穩定與自我尊重」為題完成碩士論文，獲得最高評價，並因而榮獲中國心理學會優秀碩士論文獎（蘇薌雨教授獎學金）。筆者忝為論文指導教授，亦感與有榮焉。由於這篇論文除了有翔實理論介紹、精密實驗設計之外，還有具體而生動之理情教育課程設計，對於學校輔導活動之實施，極具應用價值，筆者乃鼓勵將之出版，以饗輔導界同道。今吳女士已就實用觀點，加以整理改寫，正式推出，書名「讓我們更快樂──理性情緒教育課程」，應是迄今國內將理情治療理論應用於教育

上之最完備著作。吳女士智慧與經驗之結晶，能分享我輔導同仁，實乃幸事，爰特爲序。

　　　　　　　　　　　　　　　吳武典　於國立台灣師範大學
　　　　　　　　　　　　　　　　　　　民國76年 5 月 4 日

自 序

　　有感於觀念正確與否影響個體人格發展甚鉅，並基於預防勝於治療的體認，實際的需要和個人本身對教育工作的一股狂熱，我選擇了實用價值頗高的理情教育作進一步的探討。

　　理情教育（ Rational Emotive Education ，簡稱 REE ）是理情治療（ Rational Emotive Therapy ，簡稱 RET ）在學校情境中的一種應用。REE是一種預防性、教育性的輔導課程，以 RET 為基礎，強調個體自我接納的哲學，目的在培養理性、客觀的思考能力，增進自我悅納的態度並預防情緒困擾的產生，使個體本身成為解決困擾的最佳資源。理情治療理論架構清晰、概念簡單易懂，所採用的方法多為具體的、教育的、高度教導取向的，其本身就是一個教育模式，在教育或輔導領域中極富發展潛力。目前，REE在美國應用十分廣泛，其成效亦得到許多實證研究的肯定支持；然而，在我國以 REE 為基礎的輔導課程設計則尚付闕如，故我大膽的嘗試以輔導專業理論為架構，設計一套適合國內使用的理情教育課程，並提供具體可行的活動方式以供參考。

　　本書是根據我的碩士論文改寫的，課程方面乃參考國內外文獻並配合國內國中學生生活經驗、需要及綜合我個人實際應用的經驗所編擬而成，共十個單元。課程除具預防性、教導性、結構性外，尚有一些特色：(1)實證性：課程內容乃是由不斷的實際應用中，逐漸修正發展而成；其有效性亦經實徵性研究所驗證。(2)生動性：課程力求生動、活潑且利用漫畫方式深入淺出的介紹 REE；上課時，每個單元皆採用各種不同的活動方式進行，生動有趣。(3)實用性：REE是一種自助式的輔導方式，學會後「取之不盡，用之不竭」，能使本身成為解決自己困擾的最佳資源。(4)完整性：整個課程包括了教師手冊與學生手冊兩部分。教師手冊（附錄一）列出許多可供參考的活動方式和教學的進行方式，使輔導者（教學者）有所依循；而學生手冊（附錄二）內

有許多課程要旨、練習題、補充閱讀，具教科書、補充教材、家庭作業等多重功能，讀者可以自助式方式來自我教育，由自修中獲益。學生手冊的運用極具彈性，教學者可依學生的程度與需要靈活應用，讀者亦可依其興趣、需要，自由選讀及填寫。

本課程主要適用對象乃為國中學生，但經修改後仍可應用於其他各年級的學生和各輔導相關機構中。教師（輔導員）可依目的、需要審慎選用和自由變化運用，唯應用時，應對P.E.T有基本的或較深入的認識，以免誤用或濫用。

本書雖是我盡心所寫，惟個人力量有限，匆促成冊錯誤在所難免，懇祈斯界先進與讀者不吝指正。

最後，要感謝許多我打從心底所感激的人。首先衷心感謝吳武典老師悉心的指導與全力的支持，謹在此向吳老師致上深摯的敬意與謝忱。此外，台北市明德國中教務處和輔導室在課程實驗教學上的大力支持，輔導教師丁盈意在手冊編製上的全力相助，學生陳聆慧、施建平在手冊中生動活潑的圖畫和負笈國外的大姐吳麗麗、好友田世璞在第一手資料上的協助亦都是我所感激不盡的。另外，我還要特別感謝自大一到現在十一個年頭中，對我體貼、包容至極，並在精神上、實質上永遠予我最大幫助的外子林世華和對我照顧無微不至的媽媽與公婆。願將這份小小成果與我敬愛的媽媽、公婆和外子世華分享。最後，謹將本書獻給最寵我、愛我、掬我、育我廿六年，卻等不及我回報的父親，並願對我最摯愛的父親說聲：「親愛的爸爸，謝謝您廿六年來為娟娟所付出的一切，這份無盡的辛勞與犧牲，娟娟永銘在心。這本書是為您而寫的，願將它完完全全的獻給您！！！」

吳麗娟　　謹識於師大教育心理系
　　　　　民國七十六年五月一日

— 4 —

目　　錄

第一章　緒　論

　　一朵玫瑰花，甲乙二人有不同的感受，甲看後感嘆著說：「這世界太悲慘了！這麼漂亮的花朵，竟會長在這麼難看又有刺的梗上。」，而乙看後卻興奮、雀躍的說：「這世界真是太美好了！在這麼難看又有刺的梗上，竟能長出這麼美麗的花朵。」，對於同樣的一朵玫瑰花，為何他們兩人會有如此迥然不同的感受呢？顯而易見的是因為他們的看法不同所致。對於同一事件，若想法不同，其所引出來的感受自然不同。西諺云：「想的通，路亦通。」羅素亦曾說：「人最害怕的事，莫過於思想。」人的思想、心理足以支配其行為與生活已是極明顯的事實。往往讓人們難過、痛苦的，不是事情的本身，而是我們對事情的解釋和看法；事情本身常無所謂好與壞，但當我們加上了自己的偏好、欲望和評價，便會產生種種無謂的煩惱與困擾。故一個人若有正確的觀念，則能導引其過愉快的生活；反之，錯誤的思想和偏頗的看法，則易使人產生煩惱與困擾。

　　Ellis 在 1950 年代首創的「理性—情緒治療」（Rational Emotive Therapy，簡稱 RET）即根據以上論點發展而來，主張情緒源自想法、理念，個體可藉著改變想法來改變情緒。此一理論頗能充分應用思想的功效，幫助個體以邏輯思考來處理過度的情緒反應，以合理的人生觀來創造生活、適應環境。現今之學生所面對的社會較往昔複雜，實需要預防性的輔導課程以健全其身心，幫助其解決生活適應上的問題。故筆者乃嘗試應用理情治療的理論與方法，針對國中學生身心特質與需要，設計一套「理情教育課程」，用以協助學生建立合理的生活哲學，減少其情緒困擾的產生，以發揮個人最大的潛能。

　　理情教育（Rational Emotive Education，簡稱 REE）是一個預防性的輔導課程，以理情治療為基礎，強調教導個體自我接納的哲學，目的在建立正確的信念、理性的思考和培養穩定的情緒，並提供許多

自我幫助（ self-help ）的技術，供教師、學生學習，並鼓勵其將所學的原理原則應用在日常生活中，使得個人本身成為解決困擾的最好資源。此一「理情教育課程」乃是順應時代潮流的產物，它能善用思想的力量並符合青年發展和實際的需要，實有其發展的必要性。茲就筆者發展理情教育課程的動機，分別敍述如後。

一、時代潮流的影響

「預防勝於治療」乃心理衞生教育的主要原則，目前更由預防進而發展到增進心理健康，其目的不但要使個體好而且維持之，並且還要「好而更好」，此亦是教育的主要目的。故在學校中，針對正在發展中的學生進行輔導教育課程，是預防推廣、增進心理健康的重要措施。

近半世紀來，隨著時代思潮與社會型態的變遷，人們的教育方式也起了急遽的變化，教育不再只是強調知識的傳授，亦逐漸重視「全人教育」的發展；教師不但要教導學生基本的知識，還要教導其如何學習，如何更有效的適應此複雜多變的社會。故適合學生需要的「輔導取向」的課程設計也就應運而生，而在學校中推展心理衞生教育及預防的課程，亦逐漸受到專家學者的重視與採納（陳若璋，民 69；Digiuseppe ，1975 a ；Knaus ，1977 a ，1979 ；Knaus & Bokor ，1975 ）。目前心理衞生與輔導工作，雖然不斷的成長，但因專業人員的嚴重匱乏，其所提供的服務，仍不能滿足個人和社會成長的需要，故發展預防取向的心理教育課程更為當務之急。許多心理學家和教育學者，亦開始發展適用於學校的心理健康課程（ Katz ，1974 ；Knaus ，1977a ，1979 ；Weinstein & Fantini ，1970 ），以防止情緒、行為困擾的產生，並增進心理的成長與適應，使能更有效、更客觀地處理個人的問題。

二、青少年發展的需要

　　國中學生在生長過程中，正處於從未成熟邁向成熟的過渡期，也是身心變化最迅速的時期，其心智未臻成熟，有發展的潛力，但經驗不足，缺乏獨立自主的能力，在自我追尋的過程中，常面臨許多衝突、矛盾、打擊和挫折，產生許多的危機，若處理不當則易影響心理健康，甚而導致心理疾病。這些危機的解除除提供矯治性的輔導諮商外，更有賴於預防性輔導措施的推廣。

　　國中階段學生的情緒表現直接、強烈而不穩定，故容易產生苦悶與困擾，其消極的情緒表現多於積極的情緒表現，而且仍以感性反應為主，理性反應則較少。根據研究結果顯示，引起國中生煩惱的事物，大多集中在學校生活方面，學校生活已成為影響青少年情緒最重要的因素，亦往往是喜怒哀樂的根源，情緒生活的關鍵，與青少年的心理健康有密切的關係（胡秉正等，民 69；黃堅厚等，民 69 ）。故在學校中，實施以理性的方式來控制情緒，減低情緒困擾的理情教育課程，是十分切合青少年發展之需要的。

三、實際的需要

　　我們可由傳統教育與輔導課程的實際需要中了解發展具體有效的理情教育，實有其必要性。

　　我國傳統道德教育，強調服從、克己，講求道德制裁，且偏重教條與誡命，故在我們成長過程中，有太多的教條約束著我們，生活在數不清的「應該」中。父母教育子女時，也多要求子女服從權威，強調要做個「好孩子」，因而我們常會有一些內在的道德「誡條」，告誡自己「應該」做什麼事，例如：「我應該每次月考都考前三名，才是有用的人」。這種「應該」、「必須」的想法，若能因應環境的需要和自己的能力適當調整，可以激勵自己；但若一味盲目遵循、不知變通，則往往會妨礙我們對事情客觀的看法，而成為處事的絆腳石、

情緒困擾的根源。這個現象和理情治療的基本假設不謀而合；其假設是：「情緒困擾」幾乎都常包括了強烈的「應該」、「絕對」的想法，個體若能完全放棄他們的「應該」、「必須」，則可減少情緒困擾的產生，故理情的理論似亦適用於我國的社會文化中。

　　國中「輔導活動」課程的設立，不但為國民教育的最大特色，也是推展學校輔導工作的基礎；唯有「輔導活動」課程實施的有效成功，輔導工作方有成功的可能。但根據有關國中輔導成效調查研究的結果卻顯示，「班級輔導活動」實施方面，未能發揮應有的功能，可說是輔導工作實施中最弱的一環，近年來雖已漸上軌道，但距離理想仍有一段距離。再者，根據筆者（民72　）所做的輔導課程調查研究，結果顯示生活適應方面的課程十分匱乏；雖然教育部最近（民72　）重新編撰國中輔導活動課程，且有重大改變，但新手冊認知之參考資料較從前少，故活動內容的充實、內涵的提昇更有賴於教師的提供與指引。然而輔導教師平日工作負擔繁重，無法充分準備教材內容，故設計一套具體可行、有效的輔導課程，作為輔導教師的指引，實屬必要。

　　筆者有感於觀念正確與否，影響青少年人格發展甚鉅，並基於預防勝於治療之體認、實際的需要和理情教育課程的缺乏，故嘗試以輔導專業理論為架構，設計一套預防性的理情教育課程於國中，以增進學生心理健康，滿足輔導實施時之需要，並提供具體而實際的方法，以供輔導教師參考之用。

第二章 理性情緒治療

　　理情教育課程是以理情治療的理論爲基礎所發展出來的一個適用於教育情境的預防性輔導課程，因此，在探討理情教育課程之前，應對其所依據的理情治療之內涵有所了解，故本章首先探討理情治療的理論基礎及有關之實證性研究。

第一節　理情治療的理論基礎

壹、源起

　　「理性—情緒」治療（Rational-Emotive Therapy ）是由臨床心理學家Albert Ellis 於1955年所創立的，強調認知的重建，爲一高度認知取向的方法，但亦顧及情感、行爲層面，期盼藉著具體的認知—行爲—情緒的方法，幫助個體克服自我貶損的價值體系，產生導引其自我充分發展的人生哲學，並增進個體有效適應的能力。

　　理情治療的哲學主要源自二千多年前希臘哲學家 Epictetus 和羅馬皇帝Marcus Aurelius的思想，而後來各家學派的作品亦對理情治療的發展有很大的幫助，例如 Ivan Pavlov, Sigmund Fred, Alfred Aldler, Jean Piager, B.F。Skinner 和 Joseph Wolpe 等人的作品。近年來認知行爲治療興起，在探討行爲理論之際，多強調認知因素的重要，認爲不適應行爲可能源於認知的缺陷或不適當的自我內在語言（self-verbalization ），治療的主要目標即在於改變個體不正確的思考型態，欲藉著改變個體的認知來改變其行爲，此一論點之有效性，已由許多實證研究中得到支持（ Kazdin, 1974; Kendall & Hollon, 1979; Mahoney, 1974; Mahoney & Thoresen, 1974; Rimm & Masters, 1979; Wilson & O'Leary, 1980 ）；而理情治療即屬於認知行爲治療的一環。

貳、理論基礎

　　理情治療理論是一種人格理論，心理治療的方法，也是一種生活的哲學，認為人的本質就是活著、存在著，凡是存在就是有價值的、重要的，本身並沒有好與壞之別；而且每個人都是自己生命的主宰者。

　　理情治療包含的基本概念為：(1)人同時具有理性及非理性想法。(2)人有非理性思考的傾向，而此不合理思考源自早期不合邏輯的學習，多受父母或文化的影響。(3)人類情緒困擾不是由外界環境、事件決定，而是導自非理性或不合邏輯的思考結果。(4)情緒本身是一種非理性的、偏見的、過分主觀的思考歷程。(5)人類乃是語言的動物，通常透過符號或語言的使用進行思考。(6)人類不斷覆誦一些不合邏輯的內在自我語言，這種不停的自我刺激（ self-stimulation ）即是情緒困擾一直持續、未能消失的理由。(7)人具有改變自己觀念價值、情緒和行為的能力，可重新組織知覺與思考，藉此消除或改變自我貶損的想法與情緒。

　　為更深入了解理情治療的理論基礎，筆者乃就下列四個層面來剖析理情治療的內涵。

一、理情理論與理性思考

　　㈠理念與情緒

　　個體的意志、認知可操縱行為，控制環境，已是不爭的事實，一些學者，如G.A. Kelly(1955)，D. Meichenbaum(1977) 指出認知在人格發展上佔一重要地位，它深切地影響個人行為，故在行為改變的過程中，應重視此一因素。

　　人是知—情—意兼備的動物，許多不良適應行為多為此三方面交互作用的結果，然而個體表現於外的多為情緒方面的症狀，故各種心理治療法多偏向於情緒的疏導與矯治，而忽略了理智因素的探討。事

實上，有許多的情緒困擾是缺乏學習或學習錯誤所致，與認知、理智因素有密切關係，故探討不良適應行為矯治時，亦應顧及思考的層面。許天威（民72）即指出個體可利用認知變項的彈性運用，來增進自我行為的有效改變。Ellis 所倡的理情治療即由當事人的認知歷程的偏差著手。

　　根據理情治療的理論，情緒乃是源於想法、態度、價值；引起個體種種情緒的，不是事情的本身，而是個體對事件的看法或他對自己說的話所致；此一理念對情緒的關係，Ellis 以「 A—B—C 理論」做了深入的闡述，此亦為理情治療法的核心論點。Ellis 認為引起情緒結果（ emotional consequence ；C ）的並非事件的本身 (activating event ；A)，而是個體對此事件的想法（ belief system;B）所致。換句話說，焦慮、沮喪、敵意等情緒結果（ C ）的產生並不是由所發生的事件（ A ）所引起的，而是由想法（ B ）所產生的，例如：當一個人被解雇時，他很沮喪，他或許會認為是「解雇」這件事使他沮喪，但事實上是他對「解雇」這件事所作的解釋，使他沮喪，他可能告訴自己：「被解雇實在糟透了，我永遠也找不到另外一份工作。」就是這些想法引起情緒（ C ）。因此，Ellis 認為人的情緒在本質上是一種態度（ attitude ）、認知的過程，所以，一個人的情緒不但導自於個人的哲學信念，且會因為這些觀念的不改變而持續下去，故我們可經由改變我們的想法來改變、控制情緒；換言之，即是藉著改變、修正我們的想法、內在自我語言即可減少自我貶損的負性情緒，並消除情緒困擾。由此可知，只要人能控制自己的想法，他就能使自己過著滿足、自我實現的生活，而且，甚至可以學習到幾乎在任何一個情境都能平和、快樂。

　　㈡常見的非理性觀念

　　非理性想法與心理適應良好與否，有極密切的關係。Ellis 曾說：「過度、極端的思考會矇蔽生活中的感覺與行為，但錯誤的思考，則會使生活癱瘓、無效。」亦指出當一個人有非理性想法時，常會引

起情緒困擾，因此常覺得焦慮、罪惡感、無價值感、沮喪等。Digiuse-ppe（1975a）也認為非理性想法與我們身心健康有極密切的關係，此不僅由許多實證研究中可看出，許多專家學者也幾乎都贊成此說法。他指出 Newark（1972）曾詢問許多心理治療者、社會工作者，非理性想法是否會影響個體的身心健康，所得到的答案都是肯定的，卽認為這些非理性想法的確會產生負性的影響。Lohr & Bonge（1981）亦認為不當的認知會產生情緒困擾，他們並提出 Beck（1976）的論點為佐證，Beck 認為憂鬱（ depression ）卽是不當的認知所造成的。Wessler（ 1976 ）與 Higginbotham（1976）也都同意非理性想法會導致情緒困擾的說法。Young（1974a）就他與靑少年相處的經驗，指出所謂「適應不良」的學生，都和錯誤的思考習慣有直接關係；換言之，情緒問題的產生，乃因其態度、想法偏失所致。由此可知，非理性想法與心理健康的確息息相關，故去除非理性想法實為維持心理健康之道；亦唯有合理的思考，才能導致理性、和諧的生活。

　　要去除非理性觀念之前，首先要先了解什麼是非理性想法。Ellis 曾提出影響人們生活甚鉅的十一個非理性想法：⑴一個人應該被周圍每一個人所喜歡和稱讚。⑵一個人必須能力十足，在各方面都有成就，這樣才有價值。⑶有些人是敗壞、邪惡或罪惡的，所以應該受到責罵與懲罰。⑷當事情未如己意時，那是很可怕的災禍。⑸不幸福、不快樂乃是外界的環境造成，個人是無法控制的。⑹我們必須非常關心危險、可怕的事情，而且必須時時刻刻憂慮其危險性和可怕性。⑺逃避困難與責任比面對困難、責任容易。⑻一個人應該依靠別人，而且需要有一個比自己強的人做依靠。⑼過去的經驗與事件決定和影響目前的行為，而且其影響是永不消失。⑽一個人應該為別人的難題與困擾而緊張或煩惱。⑾每一個問題都僅有一個正確、完善的解答，我們必須找到它，不然將是莫大的災禍。以上的不合理信念系統，可歸納出十一個錯誤的公式，以作為我們探索非理性想法的線索；前者為原來情況，後者為所演變成的錯誤公式：⑴我喜歡如此→

我應該如此；⑵很難→沒有辦法；⑶也許→一定；⑷有時候→總是；⑸某些→所有的；⑹可惜→糟透了；⑺我表現不好→我不好；⑻我煩惱→他使我煩惱；⑼好像是如此→確實是如此；⑽到目前為止如此→必然永遠如此；⑾許多人有這種想法→這種想法必定是正確的。

　　根據理情治療，情緒困擾常是將「想要」、「希望」變成「一定要」、「必須」的後果。一個情緒沮喪的人常相信他「必須」要有某事物，而不只是「想要」或「喜歡」它而已，因此常將這過度的要求應用於生活的各方面上，尤其是有關於成就和獲得別人讚賞上。當個體不能達到他的需求時，就易產生焦慮、羞愧、沮喪等自我貶損的感覺；當個體將這「要求」應用在他人身上，要求別人「應該」如何時，若他人不能符合其意，則往往易十分生氣或懷敵意，故常引起情緒困擾。

　　Ellis 所提出的非理性想法較多，故有許多學者將其簡化歸類，例如：Gerald & Eyman(1981)、Katz(1974)、Young(1974b)均將非理性想法分為兩類，即「誇大、糟糕化」和「以偏概全、應該」。Digiuseppe(1975a)和Harris(1976)則分成三類，其分類名稱雖與上述分類各不相同，但內涵大致相同；McMullin & Casey(1975)則將非理性想法分成六類；甚至有學者針對兒童，提出兒童常有的非理性想法，並予以歸類。Bernard(1984)　提出兒童的三類非理性想法：⑴我必須做的很好而且被認可；⑵我必須得到我想要達到的；⑶我不能忍受不愉快的感覺。Bernard　認為兒童的非理性想法與成人的大致相同，但大部分是奠基於臨床的經驗，而非實證性的研究結果，故仍可視為是一個假設，而非事實。他認為一個想法是否會導引一個或多個情緒困擾，乃視四因素而定：⑴兒童所擁有的非理性想法的數目；⑵兒童應用此想法的範圍；⑶兒童想法的強度；⑷兒童曲解事實的程度。

　　㈢理性思考的內涵

　　「思考」是一種對情境冷靜、有組織的知覺，個體能客觀地比較在此情境中的各個元素，並且由此比較、區分的過程中得到一個結論

，而「理性思考」係指能以客觀事實爲基礎的理性、合邏輯的思考方式。Maultsby(1975)曾提出理性思考的五個標準，他認爲若能遵守以下五個準則中的三項，就屬理性的思考：(1)它是以事實爲基礎的；(2)能保護你的生活的；(3)能使你更迅速達到你的目標的；(4)能使你和別人保持良好關係，能防止你和他人發生很大衝突的；(5)可防止情緒困擾產生的。由此可知，一個理性思考者，能以較客觀、合理的方式觀察行爲表現，不受外界評價左右，對事理能做正確的分析，過更有效的生活。一個理性思考者，並非是沒有情緒的個體；相反的，他可能會有強烈的情緒，但爲一種適當的強烈情緒。「理性」會阻止不適當、自我防衛性的情緒產生，並會使個體持有適當的情緒，並適切的表達出來。

　　理性與否乃是程度上的問題，我們很少能將某種想法斷然歸爲理性或非理性的，而理性想法可導致健康、自我滿足的價值觀；相反的，非理性想法則會導致自我貶損的態度。故教師須教導學生區分二者之別，並針對其不合理想法駁斥，代之以更正確的信念。Meyers & Cohen(1984)認爲因爲青少年的困難，不良適應較成人易預測，且學校可提供一良好環境，以評量認知改變過程的效益，故在學校中實施理情教育課程，以增進學生理性思考能力，應是可行的。

二、理情理論與情緒穩定

　　情緒對於個人的影響甚大，已是極明顯的事實，尤其在教與學的歷程中，情緒更扮演了重要的角色。早在 1899 年，美國心理學鼻祖 William James 卽指出學習者的情緒和感覺與他的學習關係最密切，故青少年的情緒穩定與否對其學習成效有決定性的影響。而青少年的情緒極不穩定，比起兒童期或成年期所發展的，要來得強烈些、堅持些和比較不一致些，多爲直接的和感性的，且不易自我控制，故需要有適當的情感教育課程，來增進其情緒與心理的成長。而理情教育則是十分適用於青少年的情感教育，其對於青少年常有的情緒反應，如：自卑、羞怯、罪惡感、焦慮、煩惱、嫉妒、沮喪等，當能提供適當

的疏解途徑，對於靑少年的情緒穩定性的提昇有很大的助益。

　　理情教育的主要目標之一即是增進學生的情緒穩定性，希望藉著認知—情緒—行爲的方法，幫助學生接納自己的感覺，增進自信心，使其經常保持愉快的心情，而且善於應對新的情境和危急情況，不會對現實做不當的情緒反應。故理情教育的基本課題即是對「感覺」、「情緒」有一基本的認識並能感覺到自己的情緒與感受，進而處理不當的情緒。

　　所謂「情緒」是指日常生活中所表現的喜、怒、哀、樂……等而言。當我們生理上或精神上受到外界刺激時，所引起的種種心理反應，就是情緒。對情緒很有研究的Arnold(1960)認爲「情緒」是針對某事件、某情境所引起較強烈的整體性態度。Ellis則認爲「情緒」是人類行爲反應中，與知覺統整後的複雜狀態，也就是我們「認知—知覺」的狀態（ cognitive-sensory states ）；換言之，情緒是一種包含知覺和思考的歷程。Ellis 將情緒分爲兩類：一類是立即的、非深思的（ unflective ），是經驗、習慣或本能的產物；另一類是持續的（substained ）、深思的（ reflective ），是和個人的哲學態度和思考歷程有關，一般人所談的情緒困擾是指第二類的情緒而言。根據 Ellis 的觀點，我們常說的「情緒」事實上大部分都是一種成見的、偏執的、評判的想法；情緒一直持續下去，也是因爲我們反覆告訴自己一些話所致，Ellis 認爲一個人若沒有反覆告訴自己一些想法、一些話，不好的情緒即使產生，也不可能持久；故可藉著改變這些內在語言或想法，來控制情緒。

三、理情理論與自我尊重

　　Allport 認爲自尊（ self-esteem ）在個體的主觀生活中扮演重要的角色，若缺少它，人格的發展與功能將受到嚴重的影響。一個人最重要的工作之一即是要和自己和諧相處，要能了解自己、接納自己，如此才能有健全的人格發展。

　　對自尊頗有研究的 Coopersmith(1967)，曾對自尊作如下的定義：「自尊是個體對自己價值的主觀判斷；換句話說，是指個體對自己所做的經常性、整體性的評價，也就是他對自己的能力、重要性、成敗與價值感等方面所持贊許或貶抑的態度。」。Allport 認為自尊是自愛（ self-love）或以自己為榮（ self-pride ）的意思；Crandall(1973)認為自尊是根據某些事實為基礎，喜歡自己、尊重自己的表現，Lawrence（ 1981）則認為自尊是個體對自己心理、身體各方面特質的情感性評價；對理情治療頗有研究的 Grieger(1975) 認為自尊是自我評價過程的產物。綜上所述，自尊可說是一種正向的自我評價，一個高自尊者常會有較高的自信心，且會產生有價值、有能力和「天生我材必有用」的感受與態度；相反的，低自尊者對自己缺乏正向的自我態度，總認為自己樣樣不行，因此，常會產生自卑、無能、無助和無價值的感覺，而影響心理的健康。

　　自我概念是人格的核心，它支配著個人的各種行為表現，而自尊則是自我概念中十分重要的一環，二者關係十分密切，有時甚至被當成同義字使用（ Mischel,1976 ）。Schulman et al.(1973)則認為若要界定自我概念是否有進步，則要由個體的自尊和能力的自我評判二層面來了解，而 Grieger(1975) 更將理情理論的模式擴充應用在解釋二者的關係，並對自尊的內涵作進一步的分析。Grieger(1975) 提出「自尊 A — B — C 」，如圖一所示：

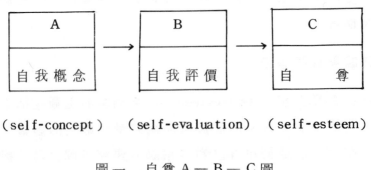

（self-concept ）　（self-evaluation ）　（self-esteem ）

圖一　自尊 A — B — C 圖

他認為：自尊是自我評價過程的最終產物；所以，自尊的產生（C），不是個體所持有的特質本身（A），而是他對此特質自我評價的結果（B）；換言之，不是因為個體對自己持有某些特質（A），產生了自尊（C），而是個體對他的特質所作的自我評價的過程，才導致自尊（C）的產生。

　　Grieger 認為人們常習慣性的自我評價，他舉出人們常有的三種錯誤自我評價方式：(1)欲評價周遭生活的各個層面和其所使用的問題解決技巧是否得當的習慣，當他不了解環境所需或應對技巧不當時，則易養成逃避現實的習慣。(2)有錯誤想法、價值觀的習慣，易引起其負向的自我態度。(3)常根據某一特別的行為表現，來評判自己整體的價值，如：做壞了一件事就認定自己是個沒用的人，如此易產生以偏概全的弊端。由上，引出一些極重要的概念：(1)人們不能靠著外界事物或人，來決定自己的自尊。一般而言，人們不是接受別人對自己的評價，就是自己評價自己；不管他們選擇那種方式來評價自己，他們要為自己所形成的自尊負責。(2)人們藉著自己是否達到某些標準來評判自己是否有價值。(3)當沒有絕對真理、真正的價值存在時，個體需要檢查其價值觀的有效性，並藉此價值觀來評價自己是否有價值。(4)了解自我評價對自己到底有沒有幫助，以期善用自我評價的過程。

　　人們常喜歡自我評價，但是 Ellis 並不贊成個體進行自我的評價。他認為自我評價是一個不適當而且無效益的活動，當評價所依據的標準錯誤時，則往往容易產生錯誤的自我概念或負向自我貶損的態度，例如：犯了錯就認定自己是個沒有用的人，這種不當的評價標準，往往產生了錯誤的自我評價結果，這亦是困擾的根源。然而，雖然 Ellis 不贊成自我評價，認為這不是個好方法，但是要個體不要自我評價，却很難做到。因為現在社會文化中多支持此一論點，而且也無減低自我評價的具體方法，甚至在 Ellis 的文章中，也只強調自我評價的優、缺點而已，並沒有提出如何放棄自我評價的具體建議。因此，教師的目標即是幫助處在自我評價過程中的青少年能達到自我接納

和產生正向自我評價的目的。爲了達到此一目的，可從下列幾個方向進行：⑴增加知覺的正確性，⑵增加評價的正確性，⑶增加解釋的正確性；當青少年能更正確的知覺、評價和解釋其經驗時，方能在自我評價的過程中達到自我接納，增進自我尊重的目標。一般而言，許多情緒困擾者尋求治療，多半是自尊方面的問題，也就是自我評價結果出了問題，這大多是因爲他的自我評價的方式錯誤，故需要予以矯正。這自我評價的過程是具可變性的，蓋自我概念、自尊都不是天賦的實體，乃是後天長期人際關係中發展出來的概念性架構（ conceptual construct），是可以加以改變的。正如 Schulman et al.(1973) 教導學生有關增進自我概念的心理健康課程，結果發現對增進學生的自尊有很大的助益。然而，當我們處理自尊問題時，若直接要求當事人要對自己有正向的感覺，似乎是不太可能的；所以，大部分的心理治療體系，都不直接處理自尊，而改用其他間接的方式來達到此一目標。沒有任何的治療者告訴他的當事人：「我將要使你快樂」，「快樂」事實上是處事時的副產品；在治療中，個體學習到更有效的解決問題方法，自尊也就自然產生了。

　　教師經常遇到的問題，就是青少年對自己的自我概念太差。青少年如何組織其經驗，此即形成他的自我概念，所以可藉著修正他們對自己的看法來影響他們的自我概念。青年期正是個體思考能力、自我概念迅速發展的時期，在其可進行抽象的思考之際，給予認知取向的課程教育，亦符合青少年的發展觀，而理情教育即是一個最符合此需求的課程設計。理情治療的主要目標即是教導個體能更自我接納，減少自我貶損的行爲，強調無條件的自我接納和自我尊重。而以理情治療爲基礎的理情教育亦強調教導青少年一個自我接納的哲學觀，主要目的即是要幫助個體更有信心，完全的接納自己和他人，不貶損自己或他人的價值；換句話說，教導青少年不管他們是成功或失敗，他們都可無條件的接納自己，此並非貶低成功的價值，而是強調青少年不需要藉著學業成就或社會的判斷標準來肯定自己的價值；讓他們深切

的了解到：成功雖然是每個人所冀求的，但失敗也只是不幸，並不會減損一個人的價值。

Roush（1984）亦認為理情教育的核心，即是針對人類價值的觀念作處理，表現出來的就是自尊、自我概念、自我價值等概念，是以發展青少年的自我接納為主。然而，若要青少年放棄自我評價的能力，以達到完全接納自己、正視自己價值的目的，是頗困難的。故針對人類價值的問題，最有效的方法就是使個體能將自己的「人」和「行為」分開，即不以行為來判定自己的價值；不管行為的好壞，都不代表個體的價值；換言之，即是對不當行為無條件接納的態度，使其了解「當我行為不當或犯錯時，這只代表我這件事沒做好，並不代表我是個沒用的人。」

綜上所述，可知教師的目標在幫助青少年自我接納，但目的並不是在幫助他們發展更多的正向自我評價。因為，對自己好的表現感到滿意，是很自然的，但若太強調因為他良好的表現就表示他是一個很有價值的人，將他良好表現的正向評價類化成對他們自己本身的正向評價，往往亦是自我貶損的伏筆；故教師要幫助個體以全體的問題中心（ problem-centered ）的方式來自我評價，而不要以自我中心取向（ self-centered ）來評價自己。換言之，教師應使青少年了解他的價值觀、想法導致困擾的產生，他必須放棄整體性的自我評價，不評價他「自己」、他的全體、他的本質，而只評價他的行為、作為或一些特別的能力和具體的行為表現，使個體能「享受」（ enjoy ）自己，而非「證明」（ prove ）自己，並達自我接納之目標。由上可知，理情理論在增進自尊與自我發展上實扮演一重要角色。

四、理情理論與智力

智力高低在理情治療中是一個重要的因素，理情治療常被批評的一點，即是它太強調認知，對認知能力有缺陷的人沒有效用。然而，Ellis 認為雖然理情治療對較聰明的人較有效，但它對能力有限（

limited abilities ）的人也有效，只要智力不要過低即可。

　　Ellis 曾經指出理情治療並非對所有的當事人都有效，他認為理情治療不適合應用於下列這些人身上：⑴無法理性分析者，⑵完全脫離現實者，⑶嚴重的精神病患，⑷嚴重的自閉症者，⑸嚴重的腦傷者，⑹太乏變通性者，⑺年紀太小或太大者，⑻過分偏執、反邏輯者，⑼智力太低者。由此可知，認知能力受阻者大多不適宜進行理情治療。Roush(1984) 也贊同此一論點，他認為認知能力有限的青少年在學習理情教育上常會遇到問題，此外，Digiuseppe et al.（1977）也曾指出兒童智力能力的程度和其獲得理情理論的認知原則的能力有關係。然而，亦有人持相反意見，認為低智商（約80）兒童也可以成為教室中的思考者（楊麗文，民73）。

　　Ellis 認為理性分析法似乎對以下這些人最有效：輕微的精神病患、高智商者、年紀不會太小也不大的、情緒困擾者（焦慮、強迫性行為）等，他們都有某些特質：願意工作、好奇、開始即願意接受治療者指導。而在理情治療中獲益最少的是那些不太認真去實施的人。可見，Ellis 強調的是個體要有動機，要積極參與才會有效。

叁、內涵

一、治療目標

　　Ellis & Blum（1967）認為理情治療可以幫助個體達到下列幾個目標：經由減低對失敗的恐懼而有更多的成就；更寬容並具較高的挫折忍受力；得到無條件的自我接納與自我尊重及最大的自我決定能力；較能克服焦慮和不安全感；不受制於過去。Ellis 並提出心理健康的九項具體而積極的目標：自我關懷（ self-interest ）、自我指導（ self-direction）、寬容（ tolerance）、接受不確定性（acceptance of uncertainty ）、變通性（ flexibility）、參與（ commitment）、敢於嘗試（ risk-taking ）、自我接納（ self-acceptance ）。

　　簡而言之，理情治療的主要目標是「使當事人在治療過程結束後，能帶著最少的焦慮（自責）和敵意（責他性）離去，並教導其自我觀察和自我評價的方法，使其將來仍能保持最小的焦慮與敵意。」換言之，治療的終極目標即是：將個體自我貶損的看法減至最低程度，並幫助其獲得更真實、更寬容的生活哲學。

二、治療過程

　　Ellis 認為情緒困擾的個體，是因其非理性、不合邏輯的思考方式所致，故在治療過程中主要目的是在幫助個體了解、去除或修正引起情緒困擾的非理性想法，並代之以理性的想法。在治療過程上大致分為四個階段，如圖二所示：

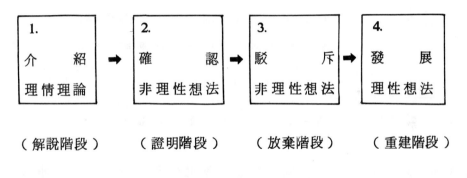

1. 介　　紹 理情理論	2. 確　　認 非理性想法	3. 駁　　斥 非理性想法	4. 發　　展 理性想法
（解說階段）	（證明階段）	（放棄階段）	（重建階段）

圖二　理情治療的過程

　1.解說階段：對當事人說明其問題是因非理性觀念所致。

　2.證明階段：對當事人證明其情緒困擾一直存在，乃因其繼續存有不合邏輯的思考所致，並找出此不合理想法。

　3.放棄階段：以駁斥、挑戰的方法，使當事人修正或放棄非理性想法。

　4.重建階段：鼓勵並教導當事人建立更合理的生活哲學。

　　由理情治療技巧而言，個體需藉著駁斥（ dispute；D ）、質問非理性想法的過程來去除這些引起困擾的不合理想法。因此，「Ａ─Ｂ

—C」理論可擴展爲「A—B—C—D—E」，理情治療法的治療過程，就變成「A—B—C—D—E」技巧使用的過程。卽讓當事人了解當他產生強烈負性情緒時，困擾他的不是引發事件本身，而是他對此事件的想法，若要去除引起困擾的非理性想法，則要不斷的駁斥之，並以理性的思考替代，使這些駁斥的結果導引出更理性和更富建設性的認知效果（ the effect of disputing; E ）。「A—B—C—D—E」彼此之關係，如圖三所示：

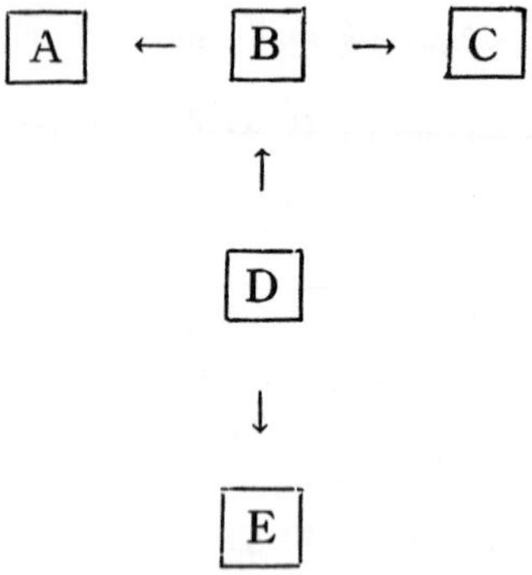

A ← B → C　A：引發事件，卽存在的事實。

B：信念系統，卽對A的自我語言。

C：情緒結果，卽對A的情緒反應。

D　D：駁斥想法，卽對B的質問抗辯。

E：駁斥效果，卽對A的新想法。

E

圖三　「A—B—C—D—E」治療過程

治療者並應給予當事人一些家庭作業，幫助他熟練此一過程或根據最新得到的理性想法去行動。

　　由上可知，理情治療是一個自我分析、自我統整的綜合過程，在過程中強調知覺的認知、情感的喚起和行爲的再教育，希望經由當事人的學習與再教育的歷程，建立一個理性的生活哲學。

三、治療者的功能與角色

　　理情治療法是一個再教育的過程，是認知的、主動直接的，故其治療者的功能角色與傳統的治療者不同。治療者的工作主要是使當事人了解他們如何產生困擾，教導其如何去除非理性想法，故治療者通常所扮演的角色是教導者、說服者、分析者，亦是行爲的示範者，較

其他治療者主動、直接。

四、治療技巧

理情治療雖然是高度認知取向的方法，但卻強調認知—行為—情緒三方面的整合。Ellis 將原來的「理性心理治療」（Rational Psychotherapy）改名為現在的「理性—情緒治療」（Rational-Emotive Therapy）即鑒於前者之稱呼易使人誤認為是反情緒（antiemotional）的治療法，而且此稱呼也不能表達出理情治療的二個基本層面：情緒與行為。由此可見，理情治療確是認知、情緒、行為三者並重的。

理情治療者總是運用很多的認知、情緒與行為的治療方法。在認知方面，教導當事人如何了解、修正其非理性想法，強調思考、質問、解釋、分析、說明和指導的歷程。多使用認知重建法（cognitive restructuring）來根絕使其困擾的想法，常使用的認知技巧有：對不合理信念的駁斥、認知性的家庭作業、閱讀治療（bibliotherapy）、採用新的自我陳述、技巧訓練（skill training）等。在情感方面，治療者運用的技巧包括無條件的接納當事人、角色扮演、示範作用（modeling）、強而有力的自我陳述（passionate self-statements）、理情想像（rational-emotive imagery）、打擊羞恥心練習（shame-attacking exercises）等。甚至強調以幽默的方式進行，並鼓勵當事人以幽默的態度來看人生。在行為方面，應用了許多正規的行為技巧，例如：操作制約、自我管理原則、系統減敏法、生理回饋、肌肉鬆弛法等。

進行治療時，治療者常用的二種方法為：治療者充當坦誠的忠告者，直接駁斥當事人自我貶損的想法；其次，充當有力的說服者，以鼓勵、勸誘甚至堅持當事人以實際行為參與其不敢做之事，以駁斥其不合理的信念（Patterson,1980）。其進行的方式多採活潑、多變化、行動取向之方式，例如：行為演練、演講、研習會、討論、錄影帶、錄音帶、其他視聽教材、書籍、歌曲、自勉的標語等。

肆、應用與發展

　　理情治療自創立後，其應用與發展極為迅速，目前已廣泛地運用在心理、法律、商業、工業管理、軍事人事管理、社會工作、醫療、精神醫學及教育上，並應用在各種問題的治療上，例如：焦慮、憂鬱、精神病、人格違常、性、愛、青少年問題、減肥等方面。而應用的對象亦十分廣泛，例如：男、女、父母、學童、青少年、成人、老人、臨床病人、夫婦、各社經階層者、犯罪者、毒品上癮者及酒精中毒者等。理情治療雖是較新的治療法，但已有許多專論、小冊子、書籍及研究報告出版，啟發了許多研究。在臨床方面之著述亦不勝枚舉；在非臨床的領域中，如法律、犯罪行為、政治學、行政領導、宗教、商業、文學、哲學及其他許多領域中，亦皆有論述；而理情治療的內涵亦被納入許多心理治療和人格訓練程序中，廣泛的被探納與應用。

　　近年來亦有許多以理情治療為基礎所發展出來的心理治療、輔導的理論或技巧，其成效亦佳，如Maultsby, Jr.所發展更行為取向的「理性行為治療」（Rational Behavior Therapy）和其常使用強調自助的治療技巧「理性自我分析」（Rational self-analysis）及由Tosi et al.所發展出來的「理性階段導向治療」（Rational stage-directed therapy）。Tosi等氏的方法乃希望經由自我覺察、自我探索、實行自我充實的行為、完成自我充實的活動及內化成自我充實的行為的幾個階段，以改變當事人自我貶損的經驗。此外，尚有Goldfried 所發展出來的與系統減敏感法相近似的「系統理性重建法」（Systematic rational restructuring）。以上所述，都是由理情治療中所發展出來頗具成效的心理治療法，而由理情治療發展出來應用於教育情境中的有效方法，即是「理性情緒教育」。蓋理情治療十分適用於團體之中，加上其強調再教育、教導的歷程，故更適用於學校情境中，目前「理性情緒教育」已是一種極具潛力的發展趨勢。

第二節　理情治療的有關研究

Digiuseppe et al.(1979)、Mcgovern & Silverman(1984) 及Trexler (1977) 等曾回顧理情治療的有關研究，由其評論中可發現理情治療的有關研究相當多，而且顯示理情治療對個人與團體皆有效。

最早支持理情治療有效性的報告是 Ellis(1957) 所提出來的，他使用三種不同的方法治療許多個案，結果顯示使用理情治療的成效最佳；除了個案研究外（ Ellis, 1979b），尚有許多實證研究支持理情治療的有效性（ Ellis,1971b,1973c,1974b,1979a）。在理情治療理論基本假設的驗證方面，例如：探討非理性想法與自我貶損態度、精神官能症之間的關係之研究，有 Barnhart(1982),Chambers(1980),Goldberg (1981),Goldfried & Sobocinski(1975),Lohr & Bonge(1981),Pontius (1982),Thurman(1983),Wakefield(1983),Zwemer & Deffenbacher (1984) 等，這些研究結果皆顯示非理性想法和焦慮、憂鬱、敵意及心理方面的疾病有密切的關係。此外， Digiuseppe(1975a),Woods (1984) 也指出許多研究，證明非理性想法與不良的適應、精神方面疾病皆有顯著的相關。Wasserman & Vogrin(1979)探討非理性想法與外顯行為的關係，結果顯示非理性觀念愈少的學生，其對外界的依賴愈小、責他性愈低，而在學校的行為也更具創造性、更為主動。然而，在心理疾病與非理性的關係方面，仍有少數的研究結果未發現顯著相關，例如： Lohr & Rea(1981),Plass(1982) 的研究；還有非理性和學業間的相關，也未得到肯定的答案（ Kasper,1983）。在支持理情治療實際應用的成效方面，不少研究，如： Burkhead(1970),Ellis (1957),Jasnow(1983),Trexler & Karst(1972),Keller,Crake & Brooking(1975),Mark(1983)和Wakefield(1983) 等，發現理情治療對於減低焦慮、壓力和各種心理疾病很有幫助。然而，有少數的研究，如： Reed(1983),Thurman(1983)及 Tiegerman & Kassinove(1977) 等，則未持此種說法。

　　為更進一步探討理情治療之有關研究，筆者茲就理情理論與理性思考、情緒穩定、自我尊重及智力的有關研究，分述如下。

壹、理情理論與理性思考的有關研究

　　有關理情理論與理性思考的研究，大致可分為理情理論驗證和理論應用實效二方面。

一、理情理論驗證方面

　　有許多研究證實理念和情緒二者有密切的關係。像 Schacter & Singer(1962)的著名研究中即指出情緒大多是由認知所決定的，他們亦指出 Razran(1961)和 Beritoff(1965)研究如何以認知步驟來習得和操縱情緒，對此一論點又做了更深入、更廣泛之探討。Schwartz et al.(1980)的研究結果亦顯示某一種特定的思考組型，會直接影響我們的心理活動和情緒經驗，所以修正這些認知歷程，可以減低不當的肌肉緊張；換句話說，認知重建法有助於心身症的治療。Goldfried & Sobocinski(1975)亦指出以認知符號或內在語言來引發情緒反應，已由許多研究中得到證實。然而，仍有少數的研究結果未能支持此一假設，例如：Rimm & Litvak(1969)直接驗證 Ellis 有關「語言會引起情緒反應」的假設，結果只證實了情緒性的語言比中性語言較會引起情緒反應，而對其假設，未能有足夠的證據支持（Russell,P.L., & Brandsma,J.M.,1974 ）。

二、理論應用實效方面

　　探討理情教育對增進理情課程內容的習得、提昇理性思考能力和減低非理性觀念的效果之研究，不勝枚舉，幾乎有關理情教育的研究，多會探討此一主題，且大多顯示有顯著的成效。Digiuseppe(1975a)曾以八年級、四年級的一般正常青少年為研究對象，將 REE 與另一心理健康課程相互比較，以視二者在理情教育課程內容習得、精神官

能症（neuroticism）、特質焦慮（trait anxiety）和教室行為的有效性。他以兩個測量工具來測量學生的理性思考，一為測量個體在Ellis代表較具有非理性想法中，擁有多少非理性觀念，高分代表較具有理性思考及非理性想法較少；二為測量個體對課程內容習得的程度，高分表示其非理性較低。結果顯示接受REE的青少年在兩個理性思考量表上的得分皆顯著的高於控制組，表示他們有較少的非理性想法，理性思考能力較高。Harris(1976)以小學五、六年級學生為研究對象，亦將REE與另一種情緒教育課程相互比較，以小團體方式進行，觀察兩者在理性思考、理情課程內容習得、內外控、自我接納和自覺、自信、效率上的效果。他也用上述二種測量工具來測量學生的理性思考，結果REE組較其他組別在內容習得測驗上得分較高，並在統計上達顯著水準，而且此一效果在四週後的追踪測驗上仍持續著。在理性量表上，REE組得分也顯著高於其他組別，但此一效果在追踪測驗上則未繼續存在。

　　此外，尚有許多實證研究顯示REE的確有助於學生理性思考的提昇與非理性觀念的減少，例如：Casper（1983）探討REE對六年級學生學業成就的效果之實證研究中顯示，接受REE者，在理課程內容習得測驗上的得分優於傳統教學組；Geizhals(1981)也得到同樣的結果。Jacobs & Croake(1976)探討REE理論對大學生理性思考的增進、焦慮的減低和個人問題的減少上的有效性，結果顯示REE組的理性思考的確有所增進。Katz(1974)亦以內容習得測驗評定受試者對所教內容的回憶與了解程度，結果REE組和其他組別亦有顯著差異。Keller et al.(1975)發現REE可減少老年人的非理性觀念；Leibowitz(1980)、Miller & Kassinve（1980)發現小學四年級學生亦可理解、習得理情教育內容。此外，Lispsky et al.(1980)、Mark(1983)、Wakefield(1983)分別指出理情教育可增進成人門診病人、小學六年級學生和大學生的理性思考。在筆者所收集的資料中，唯一例外的是Eluto(1981)以特殊教育學生為對象所進行的研究；此與REE是否適用於特殊兒

童上有關，尚待進一步之探討。

　　由上面研究可知，許多實證研究皆以兩個指標來測定理性思考，理性思考的增加亦代表非理性觀念的減少，二者是一體的二面。因此，把理性思考內容習得的認知測量和非理性觀念特質的評量，一起併用，可作爲理性思考的良好指標。由上面研究結果顯示，REE對增進理性思考、減少非理性想法的有效性似乎已獲得支持，Digiuseppe et al.(1979) 回顧REE成效的報告，亦指出這一點。

貳、理情理論與情緒穩定的有關研究

　　情緒穩定性常是情緒成熟的必備條件，亦是一個人適應良好與否的指標，因此，許多研究藉著探討REE與心理症狀的關係來了解REE對增進情緒穩定的效果。在這方面的研究很多，例如：Keller et al.(1975) 曾以30個六十歲的老年人爲研究對象，探討REE課程在減低非理性思考和自我報導的焦慮(self-reported anxiety)上的效果，結果發現實驗組在非理性思考和焦慮上皆顯著的減少，顯示REE有助於焦慮的減低。Knaus(1977a)也提出二個研究結果來支持此一論點：Albert(1972)和Knaus(1973)皆以五年級學生爲對象，驗證REE對減低焦慮的有效性，結果發現REE組的焦慮分數皆顯著低於控制組，且Albert的研究結果中亦顯示REE組的學生產生更多正向的教室行爲。此外，探討REE對減輕焦慮及精神官能症(neuroticism)有效與否的研究亦不少，且多顯示具有積極的正向效果。例如：Miller & Kassinove(1980) 以四年級學生爲對象，研究REE對兒童的非理性觀念、精神官能症和特質焦慮的影響，結果支持了REE的有效性。Knaus (1977a) 以一研究爲例說明REE的確有助於個體的情緒適應：Digiuseppe & Kassinove(1976) 曾探討REE對兒童情緒適應的效果，發現兒童可習得理情理論，且習得的知識有助於焦慮和精神官能症分數的減低；Digiuseppe(1975a) 的研究也獲得同樣的結果。

　　Jacobs & Croake (1976) 對大學生所做的研究中亦發現REE可增

進個體的理性思考，並減低焦慮與個人的問題。由上述研究中幾乎可得到一個結論：REE有助於個體焦慮、精神官能症的減輕，有助於個體的心理適應。然而，仍有少數的研究未能支持此一論點，例如：Lei-bowitz（1980）的研究中發現學生雖然能習得理情理論，但似乎尙不能將所學應用到情緒適應上；Eluto(1980)以特殊兒童爲對象的研究也指出REE並沒改善其焦慮與精神官能症（neuroticism）的現象；Rose(1983) 的結果也顯示REE無助於焦慮的減低。

綜合上述各研究結果可知，有關心理適應、情緒穩定方面的效果，大部分均顯示REE有正向的結果，但仍有一些研究結果未能支持此一論點，這可能和其應用的對象、進行課程的時間長短等因素有關。

叁、理情理論與自我尊重的有關研究

近年來，自尊常被視爲一個人格變項而加以研究，此類研究日漸增多，尤其是自尊發展的方向，是正向或負向，更受人注意。玆就自尊與理情理論的發展和應用理情理論之實效研究二方面進行討論。

一、自尊與理情理論發展方面

自尊在教育心理學上扮演重要角色，故以學校中的變項作爲研究主題的實證研究很多，例如：研究自尊與學業成就（Lawrence,1981；Shoemaker ,1981）、教室行爲（ Reynold,1980 ）的關係，結果都顯示二者有相關。

一般而言，一個理性思考者應具較少的非理性想法和較高的自尊；理性思考與自尊之間是否有密切關係，亦是常探討的主題。Daly & Burton(1983)認爲非理性想法可視爲低自尊的癥候，當個人價值提昇時，非理性觀念即可消去。故他們以 251 個大學生爲對象，探討非理性觀念與自尊的關係，結果發現自尊和非理性想法間有顯著的負相關，而且有四個非理性想法可用來預測低自尊，分別是：認可的需求、高自我期許、過度焦慮、逃避問題。表示自尊是非理性想法內的一

個潛在變項，自尊可視爲是理情治療中的一個重要因素。但此研究結果並不表示非理性想法就是低自尊的原因，非理性想法只是低自尊的一個癥候，當個人價值增進後，這些不合理想法自然會消失。

在應用各種策略以增進個體自我概念的研究上，結果分歧，成效不定（Cangelosi et al.,1980），未能獲知那一種策略或方案最能增進個體之自我概念，因爲其中影響的因素很多，包括對象的選取、策略本身的限制等。

二、理情理論應用於提昇自尊上之研究

理情理論的主要目標即是教導個體自我接納的哲學，故有關應用理情理論以提昇自尊方面的研究頗多，但結果分歧。Cangelosi et al.（1980）以十二週理性思考團體經驗來增進青少年的自我概念，結果顯示以認知重建爲基礎的理性思考團體經驗，對於青少年自我概念的增進，有很大的幫助；然而，此研究結果在推論上可能要有所限制，因爲參與的成員都是自願的，而且36名成員中有33位是女生。此外，研究結果顯示有助自我概念提昇的研究，尚有：Knaus & Block（1976）實施 REE 於常缺課、學業成績不好的十七、八歲學生，發現六個月的 REE 課程，能有效的減低其學業的失敗率和增進其自我概念與上課出席率（Knaus,1977a）。Knaus & Bokor（1975）測量 REE 對增進正向自我概念和減低考試焦慮的效果。他們在低收入學區中，以80個六年級學生爲研究對象，進行七個月的 REE 課程，結果亦發現 REE 組在考試焦慮和自尊量表的分數上，均有明顯的正向結果，顯示 REE 對增進正向自我概念有效。Katz（1974）探討 REE 對自我概念和內外控上的成效，以小學五年級學生爲對象進行九週的 REE，結果發現由教師評量的自尊量表得分顯著的高於控制組，但是在兒童自我報導的自尊量表上，則與控制組未有差異，故該研究結果部分支持「理情理論能增進正常兒童的自我概念」的假設。

由上面的幾個研究中可看出 REE 大致上是個有效的初級預防課程

。然而，仍有爲數不少的研究結果顯示，REE對於自我概念的增進並無助益。例如：Brody(1974)將REE應用於中收入學區的48個五年級學童上，探討REE對學童焦慮、自尊、挫折忍受力的影響，進行十二週的REE後，結果顯示REE對自尊的提昇沒有幫助。Casper(1983)以80個六年級學生爲對象，探討REE與傳統教育對學生的學業成就與自尊的影響，結果顯示REE對自尊有效的假設未獲支持。在研究REE對聽力受損學生自我接納、理性想法的效果研究中，發現REE對自我概念的增進沒有幫助（Geizhals,1981）。在Harris(1976)和Rose(1983)的研究結果中，也獲得同樣的結論。由此可知，有關REE與自尊之關係的研究結果，十分紛歧，有待更多的研究來探討。

肆、理情理論與智力的有關研究

　　探討不同智力水準對理情教育效果的影響的有關研究不多，研究結果似乎顯示不同智力水準與REE的效果，並無顯著關係。

　　Lipsky,et al.(1980)曾比較RET對高、低IQ者在理性思考、焦慮、憂鬱和精神官能症（neuroticism）上的成效是否會不同，他們以50位門診病人進行十二週的處理，結果顯示在精神官能症和理性思考方面，高、低IQ組沒什麼差異；在憂鬱量表上，反而低IQ組的進步較高IQ組多；在焦慮分數上，高IQ進步比低IQ大，雖然結果顯示RET對成人的門診病人有效，但整體而言，IQ和實驗處理沒有什麼關係；換言之，對IQ而言，並未支持Ellis(1979b)所提的「高IQ者較有效」的論點。其原因可能是高、低IQ組受試之間的差異太小，其高IQ組平均IQ爲110(99-125)，低IQ組平均IQ爲94.3(80-102)，若高、低IQ間的差距更大些，可能比較適當。因此Lipsky et al.(1980)認爲RET對各個範圍的IQ，似乎都有效，然而此一推論是否能成立，仍待進一步的驗證，不宜驟下定論。在Eluto(1981)探討特殊兒童適應情形所做的研究中，發現IQ和REE的實驗處理，在內容習得和情緒適應各變項上沒有交互作用產生。Miller(1977)

比較不同 IQ 的兒童在內容習得、精神官能症、焦慮上的影響，結果顯示在各個變項上，REE組皆較控制組為優，但 IQ 和各變項間却都無交互作用（Mcgovern & Silverman,1984）。Miller & Kassinove（1980）也得到同樣的結論。他們以四年級學生為對象，研究REE在非理性觀念、精神官能症（neuroticism）、特質焦慮上的效果，將 967 受試分成高、低 IQ 二組進行12節的實驗課程處理；雖然 REE 對學童有效，但結果並未顯示智力會明顯影響學童由此課程中獲益的能力。

　　以上研究結果顯示 REE 對各變項的成效，不會隨著智力的不同而不同，雖然有此傾向，但仍不宜太快下結語，尤其智力會影響學習成效之說，有其理論背景，故此一論題仍須作進一步的探討。Katz（1974）的研究是少數專以探討此一主題的實驗研究之一，其結果支持此一假設。他以 110 個五年級學生為對象，進行比較REE與另一心理健康課程有效性的研究中顯示：接受 REE的班級在教師評定自尊測量上得到較高的分數，而且閱讀水準愈高的學生，其在教師評定自尊測量分數上的得分也愈高。將閱讀水準與 REE內容習得測驗分數求相關，二者亦達顯著的正相關，但與自我報導的自尊、內外控等依變項求相關，則呈現未顯著的低度正相關。其結果顯示閱讀水準與教材內容習得有顯著正相關，表示閱讀水準愈高，REE的內容習得測驗上得分也愈高，可見對 REE課程的吸收程度與閱讀能力有關係。此外，閱讀水準最高的 REE組，其自尊分數也最高，並達顯著水準，顯示閱讀能力高者，其由課程中所獲得的效果也愈大。此研究結果符合 REE的基本假設：「 REE對較聰明者較有效；換言之，REE對較聰明者的效果比對愚笨者高。」

　　此外，在 Digiuseppe（1975a） 的研究中，將年級的差別視為 IQ之別，其結果不但未支持假設：「八年級學生在內容習得、精神官能症、特質焦慮上，優於四年級學生。」且結果正好相反；四年級學生在這幾個依變項上的得分均優於八年級，顯示REE對四年級反而比較有效。形成此結果的有關因素很多，可能是：年級差別事實上並不等

於 IQ 之別；八年級的非理性等不良適應癥候已根深蒂固，所以較難改正；八年級的青少年與四年級的兒童在許多方面已有不同的發展，八年級正值「暴風雨」期，可能對實驗處理較持抗拒態度。而Buckley（1983）以二至八年級，各年級的情緒困擾兒童為對象進行 REE，結果亦顯示年紀較小的學生獲益較大，即 REE 對年紀較小者較有效。鑒於上述頗不一致的研究結果，對於「認知影響 REE 學習」的假設，應值得再深入探討。

目前，雖然已有很多證據證明理情治療的有效性，但仍有人認為支持理情治療效果的嚴謹實證研究太少，尚不足證明理情治療的有效性（Trexler,1977），亦有一些人持懷疑的態度，其中一個最主要的批評即是這些研究大部分是以臨床樣本為對象，其結果不能推論於一般正常人身上，故對於研究結果的外在效度，仍值得作進一步的探討。

第三章　理性情緒教育

第一節　理情教育的理論基礎

壹、源起

「理性─情緒」教育（Rational-Emotive Education）是理情治療應用於學校中的預防性情感教育（affective education）課程。雖然大多數的心理治療體系原來的目的都是為了要幫助有嚴重情緒困擾的個體，但通常亦適用於其他的領域，尤其是教育、預防困擾行為方面；像 S.Freud 的觀點與行為改變技術均曾應用於教育中，此外，Adler、Rogers、Glasser 等人亦曾將他們所發展出來的心理治療過程成功的應用於正常的學習情境中。理情教育即是將理情治療法應用於學校情境的一個情感教育課程，其應用於一般青少年上之成效，已獲得廣泛的支持。

近年來，在學校中逐漸重視情感教育，一些促進學生心理成長與情緒發展的課程設計紛紛推出，其目的乃在預防學生情緒、行為問題的產生，增進解決問題的能力，並促進其潛能的充分發展。情感教育的中心概念乃為：⑴每個學生都有權利發展其獨特的潛能；⑵教育所扮演的角色是幫助學生了解、適應其所處的環境；⑶由問題解決中來學習；⑷態度、情緒、感覺在教與學的歷程中扮演一重要角色。

由理情治療的發展來看，情理教育乃是自然發展出來的產物。Ellis 於 Knaus（1979）所著的理情教育教師手冊的序言中指出，理情治療自 1955 年發展至今，可分成幾個階段：首先應用於團體治療中，其效果優於一對一的個別治療，故以公眾演講、研習會的方式推廣至群眾中並逐漸配合錄音帶、影片等視聽教材進行，發現父母與大學生可將所學教給其四周需要幫助的人；因此，開始在教室情境中，

教導學童理情的概念，逐漸發展出情理教育，並設立「生活學校」（
Living School ）針對全校一般學生推廣理情教育課程。

　　理情治療本是治療情緒困擾的一種心理治療，但因其所採用的方式多為具體的、教育的、高度教導取向的，本身就是一個教育模式，因此，比其他的學派更適用於教育情境中。Ellis　認為並不是每一個心理治療都可應用於教學，像 Freud 的心理分析理論就不適宜，而 Adler 的個人心理學則運用的較成功。然而，由理情理論的簡單、具體，我們即可看出其特別適用於教室中的一般正常青少年；由「生活學校」所呈現的顯著成果中，亦可了解到理情理論的確適用於一般學校情境中（ Brody , 1974 ; Ellis , 1971 a , 1971 b , 1971 c , 1973 a, 1973 b , 1974 b ; Knaus, 1979 ）。蓋學校生活是長程性的，希望能藉著具體、長期、廣泛的各種方法來幫助學生充分的發展，而理情教育即是採用各種具體的方法，長期協助個體情緒成熟的教育歷程，希望培養學生理性獨立思考的能力，及接受自己、不苛責他人的生活態度，成為一個自我充分發展的人。

貳、理論基礎

　　理情教育是適用於一般班級教學的一個預防性的心理健康課程，它是以理情治療的理論為基礎所發展出來的一個認知—情緒—行為導向的教育課程，融合了此三方面的各種知識，有系統、有計劃的教導學生理性的想法與解決問題的方法。理情教育的目的乃在培養學生理性思考的能力，使能客觀的思考，並幫助其得到情緒的洞察、自助的能力和學習一些基本的問題解決的技巧，當遇到問題時，能有足夠的知識與技巧來應對。除了知道如何解決自己問題、成熟的接受生活責任之外，尚能達到情緒穩定、自我接納和自我指導的目標，終而能發揮潛能，享受快樂而富創造性的生活。

　　理情教育既是由理情治療中發展出來，二者乃是一本多源的關係，故其理論基礎是相似的。Knaus（ 1977 b ）、 Jacobs & Croke（ 1976 ）

曾對理情教育的理論基礎和基本假設做了簡單的說明。他們認為個體情緒和行為的反應乃是個體如何解釋、界定發生事件的結果；個體對自己說的話，引起其正、負向情緒，故可藉著控制個體告訴自己的話來減少其自我貶損的負向情緒。因此，理情教育有二個基本假設：(1)思考產生情緒；(2)認知是可替換的；認知和情緒不同，是可以訓練以增進其合理的行為的。訓練時，個體首先要能了解其負向的自我語言，向其不合邏輯的推理挑戰，然後以理性自我語言代之；教育的歷程即是融合、熟練這些步驟，使個體能以合邏輯的思考替代負向的自我語言，使其不致成為想法、情緒的犧牲品。

　　具體言之，理情教育的主要目的即是教導學生理情心理學的基本概念。例如：一個學生數學考壞了，十分沮喪，教師儘量使其了解，並不是他的失敗使他產生這些結果，而是他的非理性想法：他「不應該」失敗，他考壞了實在「糟透了」，他失敗了是個「沒用」的人所致。他可以不斷的問自己：「為什麼我不應該失敗？有什麼證據證明我若做不好，就會很糟糕？如何能證明我因為失敗就變成一個沒價值的人。」並可給他認知的家庭作業，例如：讓他從容、慎重的做一些較難的數學題目，來證明自己可以成功；或故意讓其做壞某事，在失敗中而不貶損自己。如此，會產生兩個主要效果：一為認知的效果，個體改變他基本的哲學，例如：「的確，在數學方面失敗是不利的，但還不致於到糟透了的地步；能不失敗最好，但我也實在沒有不該失敗的理由；我只是某些方面表現不好，我永遠不會因為失敗而成為一個沒價值的人。」二為情緒－行為效果，個體不再焦躁、沮喪，較能冷靜的在數學方面用心以求取成功。

　　在理情教育中除了班級教學外，尚有團體輔導課程，有其特殊的目標，希望藉由團輔過程，使個體了解自己是如何愚昧的被許多非理性想法所控制，並教導其如何對抗這些不合理的思考，使其在思考時能以客觀事實為基礎；能了解沒有什麼事是糟透了、可怕極了；能完全接納自己和他人；能不因別人做錯事而責難、貶損他人；幫助個體

建立自我接納、自我決定和具責任感的人生哲學。

綜上所述，理情教育的主要目標是教導個體能以客觀事實為基礎來思考和行動，防止學生產生嚴重的焦慮、沮喪、敵意或任性的自我貶損行為，並使其持續不斷的練習克服影響情緒的非理性想法。在低年級方面，教導其理情教育的中心主旨，高年級學生則期待其能更了解自己情緒的限制和缺陷，並為自己設立一些輔導的目標。評量學生的輔導成效時，端視其態度是否有改變，是否變得更寬容、更自我接納、不具敵意、更自我約束、更富創造性。

在進行理情教育歷程中，輔導員或治療者主要是扮演教師的角色，要了解學生的需要、主要的情緒困擾，並把握教學中的每個機會教導學生理情治療的主要理論，以增進其理性思考的能力。Ellis（1973a）曾就他自己的經驗，提出治療者在理情教育中的角色與功能，他認為治療者在理情教育中即是一個使學生有更好思考的教師，也是學生的朋友，亦是一位示範者、催化員，示範如何使用所學的技巧並鼓勵學生經歷新的經驗。

在所使用的輔導技巧方面，教師並不鼓勵學生討論他們自己的過去，也不刻意去了解他們的過去，教師所重視的是「現在」學生所告訴自己的是什麼，「現在」他應該如何駁斥、放棄這些引起困擾的非理性想法，而非探究這些想法的來源。其次，在過程中經常使用的技巧，即為「駁斥」，此乃為去除非理性想法的必要步驟：個體不斷的問自己有何證據可證明這想法是對的，向自己的非理性想法進行質問、挑戰。Roush（1984）提出三種駁斥的方法：⑴邏輯式的駁斥（logical dispute）：即直接攻擊非理性想法，以客觀事實為基礎來進行思考；當最初的假設或前提無效、錯誤時，則可在邏輯基礎上駁斥其為無稽之談。⑵實證的駁斥（empirical dispute）：即強調想法的真實性，看支持此想法的證據有多少，故針對缺乏事實性資料的想法進行駁斥。⑶功能的駁斥（functional dispute）：是否改變此想法，視此行為所導引的情緒、行為反應而定。若這些反應是痛苦的、自我

貶損的，則進行駁斥，以減低此想法所帶來的不愉快。

因為教師所使用的技巧多為教導取向，所以在理情教育中，理情教師的專業知能特別重要。例如：在理情協會（ the Institute for Rational Living ）所設立的「生活學校」中的每位教師都受過理情理論的專業訓練，且經常閱讀理情書籍，參與理情協會舉辦的各類研習會和團體諮商，並在教學過程中接受督導員的指導。一般而言，理情課程的教學者，需要有相當的專業訓練，方能勝任。

總之，理情教育是以理情治療為主幹所發展出來的一套有計劃、有系統的情緒課程，希望藉此密集的、預防性的情緒課程，增進其理性的思考，改善其對自己、他人和世界的態度，使其在現在、未來都能更有效的生活。

第二節　理情教育的有關研究

理情教育有關的研究，國外正在發展中，大致可分為個案研究與實證研究二部分。 Ellis（ 1966 ）曾提出許多將理情原則成功地用於兒童身上的個案研究（ Knaus, 1977a ），而有關的實證研究亦多支持理情教育對青少年有效的論點。

Ellis 和其同僚發現理情治療的理論與練習，不但適用於特殊團體，也十分適用於其他正常的團體（ Digiuseppe, 1975a ； Digiuseppe et al., 1979 ； Ellis, 1971b, 1974b ； Knaus, 1979 ），尤其是學校中正常的少年（ Digiuseppe, 1975b ； Ellis, 1971a ， 1971b， 1975, 1979a ； Knaus, 1977a ）。而第一個以正常青少年為對象將理情教育應用於學校情境中的實驗，即是在紐約市的「生活學校」中進行的，效果十分好（ Ellis,1971a, 1971b, 1971c, 1973a, 1973b, 1974b ）。

近年來，有許多的書籍、文章紛紛探討如何將理情治療原則應用於一般正常青少上（ Ellis, 1971a, 1971c, 1973a, 1974b·Gerald & Eyman, 1981 ； Knaus, 1977a, 1977b, 1979 ），有關的實證研究亦相當多（ Brody, 1974 ； Casper, 1983 ； Digiuseppe, 1975a ； Harris, 1976

；Katz, 1974；Knaus & Bokor, 1975；Leibowitz, 1980；Miller & Kassinove, 1980；Rose, 1983)，而這些研究的結果絕大部分皆支持理情教育應用於正常青少年的有效性。此外，由學校老師、父母、督導等非正式的觀察和 Ellis, Knaus 的許多著述中，都提出相當多的有力證據，說明青少年的確可經由教導其理性觀念，來增進挫折忍受力、減少焦慮、建立信心和改善其行為，這些結果皆顯示理情教育十分適用於教室情境中的正常青少年。

理情教育原則不僅應用於一般正常青少年上，亦應用於適應欠佳的青年上，例如：Block (1978) 將理情教育用於成績不佳，有品行不良傾向的高一、高二學生，結果顯示理情教育組在成績、品行上皆有很大的進步；而且進步的效果在追踪階段仍維持著。 Jacobs & Croake (1976) 將理情教育應用於大學生，仍然有顯著的成效。除了青年之外，理情教育也可應用於老年人上，依然有正向的效果，例如：Keller et al. (1975) 使用理情教育減低老年人的非理性思考和焦慮。

理情教育除了成功地運用於一般正常青少年、老年人外，尚應用於特殊團體中，例如：Baither & Godsey (1979) 和 Block (1978) 分別應用理情教育於大學生和青少年的低成就者；Eluto (1981) 針對接受特殊教育的兒童進行理情教育；Geizhals (1981) 以聽障青少年為研究對象；Knaus & Mckeever (1977) 將理情教育應用於學習障礙兒童上；Buckley (1983)，Devoge (1974)、Von Pohl (1983) 和 Wasserman & Vogrin (1979) 等皆以情緒困擾兒童為對象進行理情教育；亦有人做正常兒童與情緒困擾兒童間的比較研究（ Rose, 1983 ），但是研究結果未能獲得一致的結論；Digiuseppe et al.。(1979) 的回顧理情教育研究結果報告中也指出，對於「理情理論適用於情緒困擾兒童」的假設未獲支持。此外，根據一些研究結果顯示，理情教育亦適用於中等或低社經地位的成人或兒童（ Block, 1978；Brody, 1974；Knaus & Bokor, 1975 ）。而在處理的問題類型上，除了提昇自我接

納、增進理性思考和減低非理性觀念的研究外，其他則大多屬於減低焦慮、精神官能症方面的研究。

　　由上可知，從兒童、青少年到老年人，都可成爲理情教育的研究對象，而且不但適用一般正常對象，亦可應用於特殊團體中，應用的範圍很廣；然而，其最常應用的對象仍是教室中的一般正常青少年，不過，儘管理情教育已普遍應用到教室之中，大部分研究仍以小學生爲主（ Digiuseppe, 1975a ； Harris, 1976 ； Katz, 1974 ），以中學生爲研究對象的則不多見。有關理情教育應用於一般青少年的功效已得到支持（ Digiuseppe et al. 1979 ），而且由以上研究結果，似可間接推論：理情教育可應用於國中學生，但這推論是否能成立，亦有待進一步研究的驗證。然而目前有關「效果」的問題，已不再純然是「是否有效」的問題，而是「再證」（ replication ）、「效果延伸」（ exten-sion ）的問題，故除了注意有效與否外，還要強調其所採用的步驟爲何，效果延伸廣度如何。因此，理情教育的實驗研究仍需不斷應用於各個領域中的各種對象，以求其內、外效度的周延。

第三節　理情敎育課程的實施

　　綜合前面所述，理情治療的理論是一個有系統、簡單易懂的概念，其架構清晰具可驗證性，治療過程具體易實施，尤適用於學校情境中，其在教育或輔導領域中，極富發展潛力。本節茲就理情教育課程的發展、內涵、實施及應用等四方面加以說明。

壹、理情敎育課程的發展

　　理情治療除了用來解決嚴重情緒外，也被應用於預防層面，例如：Maultsby（ 1974 ）發展出一套適用於高中、大學的理性治療課程：理情自我輔導（ Rational-self counseling ），強調由學生自己來解決自己的問題，課程目的乃在教導學生使用 RET 技巧以有效處理他們的情緒困擾，爲一預防性心理健康課程。Maultsby et al.（ 1974 ）曾提

出二個驗證上述理性自我輔導課程效果的研究，第一次乃以有情緒困擾的高中生爲對象，第二次則以一般的大學生爲對象，結果發現，對增進情緒的適應，皆有顯著的效用。Maultsby et al.（1975）以大學生爲對象，探討理情治療的預防性功效，進行一學期的課程，每週二次，每次 75 分鐘，共進行 15 週，結果顯示理情團體的確會產生更多正向的結果（Digiuseppe et al., 1979；何長珠，民 73a）。

以上研究結果顯示，理性自我輔導課程在減低焦慮、預防精神疾病發生和增進情緒適應上是有效的，但仍需要在長期追踪的縱貫研究中才能了解此一課程長期效果如何。除了各種短期預防或診療性的設計外，理情治療亦應用於學校情境中的一般正常青少年，而理情教育即是理情治療在學校中的應用成果。

理情教育課程的發源地乃爲美國紐約市的「生活學校」，它也可能是世界上唯一將理情課程納入學校正規課程中，使學生連續接受長期的團體輔導的學校。The Institute for Advanced Study in Rational Psychotherapy（理情協會前身）於 1968 年創辦「生活學校」招收一般正常的青少年，在此學校中，除了上理情教育課程，提供其預防性的情緒教育課程外，也上一般正規的學習課程；不管學生是否有情緒、行爲困擾，均接受此一預防性的輔導過程。該校藉著許多活動方式，例如：大班級教學、團輔、遊戲、視聽教材等方式，來教導學生理性生活所必須具備的知識，使此課程與學校其他所有的課程、活動互相融合在一起，其目的是希望減少學生不適應情形的產生，增進人格、情緒的適應。學校中的教師都受過嚴格的專業訓練，並有相當的團體經驗，其常與學生家長聯繫，並鼓勵家長閱讀理情書籍，參與理情協會舉辦的活動和參加每個月定期的研習會。

貳、理情教育課程的內涵

理情教育課程乃是理情治療法在情緒教育上的一種應用，它與其他心理治療學派應用在情緒教育上的方式有重疊、亦有迥然相異之處

。它和 Dreikurs（1957）和　Dinkmeyer ＆ Mckay（1973）所使用的 Adler 式的方法相似，且運用了一些行為改變技術，但它所使用的方法則很明顯的和 Glasser（1969），Maslow（1968）和 Rogers（1969）不同，它不刻意去製造「學校永無失敗」（school without failure）的氣氛，也不給予學生過度的溫暖與支持，有時甚至還故意要求學生假裝自己失敗，使其了解能成功固然是好，但失敗了也只是不幸，而非自己無能的指標；不管在各種競賽中的表現如何，每一個人都仍可無條件的接納自己。

　　理情教育的模式強調經驗性學習，由做中學和批判性的思考（critical thinking），並提供許多問題解決的方法。理情課程中包括了一些單元，可幫助學生了解什麼是感覺？如何表達它們？它們是如何發展的？能區分「假設」（assumptions）和事實，質問自卑感下的非理性想法，接受不完美，處理過度的情緒反應，駁斥導致痛苦的錯誤想法，學習如何與別人相處和了解如何處理特別的錯誤觀念，如：偏見，刻板化印象等。總之，理情教育模式是綜合二要素的學習體系：理情教育基本技巧的學習和問題解決方法的習得。

叄、理情教育課程的實施

　　理情課程大多由受過專業訓練的學校教師擔任，而非依賴學校心理學家或輔導員。Ellis（1971c）曾說明在學校中實施理情課程的方式，有下列幾點：

　　㈠提供理性思考的正規課程。教導學生了解如何區分理性、非理性想法，不適當的情緒反應如何產生等。

　　㈡處理教室中即時發生的事件。將理情原則應用於「此時此刻」所發生的事。

　　㈢學生於教室外的不守規矩、破壞性行為，亦為處理的對象。盼能以更富建設性的行為替代之。

　　㈣利用故事、寓言、神話、遊戲或演講等各種方式來說明生活中

理性的哲學。

㈤運用各種視聽教材介紹生活中理性、情緒哲學，例如：電視、
　影片、錄音帶、錄影帶等方式。

㈥固定的實施團體輔導。每位教師帶領 6～8 位同學，進行團輔
　時，每個人帶來自己在家中、學校所遭遇的問題，教師和其他
　成員根據理情原則加以討論、演練，使其了解如何有效處理這
　些問題。

㈦進行個別諮商。教師和暫時性情緒不佳或有嚴重情緒困擾的學
　生晤談，尋找其沮喪的根源。

㈧應用行為治療原則和方法。增強學生良好行為、處罰其不當行
　為，並使其了解，他們不會因為做錯事就成為一個沒用的人。
　有時亦可應用「代幣制度」增強適當行為。

㈨不製造「學校永無失敗」的氣氛。並由假想失敗情境中來分析
　，不論成功或失敗，每個人都應完全接納自己。

㈩鼓勵學生真誠的表達自己的情感。利用遊戲、活動、角色扮演
　、運動、寫作、團體討論等方法，鼓勵學生表達其真正的感覺
　，並了解那些情緒是適當的，那些是不適當的，且嘗試去改變
　未表達或過度反應的情緒。

㈪利用具體家庭作業，實際練習。於課程結束後，給予學生家庭
　作業，可能是認知性的家庭作業：分析、駁斥不合理想法，建
　立理性想法；亦可能是活動取向的家庭作業：請學生去經驗、
　去體會、去冒險，實際進行某些活動，例如，建議害羞的學生
　在一限定時間內，嘗試和鄰居說話、結交新朋友等。

　　使用各種活動方式來進行課程，是理情教育的一大特色，實證研
究結果也支持「使用活動會增進學習效果」的假設（ Digiuseppe,1975
a ）。家庭作業的使用也是理情課程的特點，希望學生不但能內化所
學之課程內容，亦能實際應用出來。Maultsby（ 1971 ）認為一個人在
實驗處理外的表現，才是影響實驗處理的最大因素，他覺得讓當事人

有系統的寫家庭作業，可使當事人扮演一個更主動的角色，經由分析
、研判的過程中，使當事人由「不實際的主觀覺察」走向「客觀的察
覺」（何長珠，民71）。有許多研究也證實了利用家庭作業的確可增
進治療或學習的效果，例如，Keller et al.（ 1975 ）、Maultsby（1971
）的研究。

肆、理情教育課程的應用

　　理情課程是一個行動取向的預防性課程，故十分強調將所學的課
程實際應用於日常生活中。Ellis　認為一個人若不能將所學的應用出
來，他就不算真的改進或痊癒了。Ellis　亦強調理情理論很容易便能
學會，但若光是口中說說，是沒用的。必須要有效的練習，真的相信
自己所說的新的內在語言，實際去改變，如此才會有用。Knaus 也認
為學生學習後，要加強應用，才能有效。為了加強「應用」的概念，
教師們可設計一些教室外的活動，再將實施後結果帶來班上討論，例
如：學生正學習區辨「意見」與「事實」的單元，教師則給每一個學
生作業：在電視同一頻道上收看七點的新聞報導，並把報導內容的事
實與意見列出，於下一堂課中討論。如此，將理論與實際互相配合，
方能有效的應用所學。此外，Roush（ 1984 ）認為學生若要有效應用
理情教育，需要滿足三個前提：(1)學生必須了解理性思考的原則，(2)
須了解什麼是非理性想法，(3)要能確認、駁斥非理性想法。

　　理情教育中最具代表性的課程設計，即Knaus（ 1979 ）所設計的
一套「理性—情緒教育」課程，特別適用於四至八年級，但若修改後
，亦可使用於國小二、三年級或高中、大學學生。Dinubile ＆Wessler
（ 1974 ）曾發表「生活學校」中所實施的課程。Wilson ＆ London （
1977 ）也提出一些適用於教室情境中的活動設計。此外，Gerald　＆
Eyman（ 1981 ）出版了一整套的理性教育課程，而 Digiuseppe（ 1975
a ）、Katz（ 1974 ）和 Harris（ 1976 ）在其實驗研究中亦都設計了一
套理情教育課程，這些課程均適用於國小或國中階段的學生。

伍、我國理情教育課程之實施與其成效

　　理情教育在國外正迅速發展中，其對青少年有效的論點，得到許多實證研究的支持，而國內大多僅止於理情治療理論的介紹，較少有應用方面的研究。目前認知方面的相關研究正逐漸發展之中，例如：何長珠（民 73b）、吳英璋等（民 72）、吳英璋（民 74）、袁以雯（民 71）、黃秀瑄（民 70）、蔡順良（民 72）等，以認知行為矯治法分別針對考試焦慮、抽烟行為等實施具體的訓練計劃，但以理情治療為基礎的研究尚不多見。目前只有連麗紅（民 73）「理情治療法對國中女生輔導之效果」、陳慶福（民 74）「合理情緒團體諮商之實驗」及王偉瑛（民 76）「理情訓練對高中適應不良學生之影響」等研究。連氏（民 73）係以國中二年級女生為研究對象，進行六週訓練課程，並以其自編之「社會態度量表」及柯氏性格量表上之「疑心量尺」、「離群量尺」、「自卑量尺」、「不安量尺」、「攻擊性量尺」等五個量尺為評量輔導效果之工具。結果發現：㈠實驗組學生接受訓練後，認為自己有較高批評自己行為的傾向；對「同學們」及「多數教師」產生比以前更為正向的態度。㈡實驗組接受訓練課程後，在上述五個量尺的每一個量尺的分數，並未產生改變。研究結果顯示其訓練課程對學生未能產生積極正向的影響。陳氏（民 74）以大學女生對研究對象，探討運用「合理情緒治療法」為架構之諮商團體，對大學女生不合理的信念（喜獲他人讚許），與情緒困擾（社會焦慮、社會讚許、不安）的團體諮商效果。實體組接受為期兩個半月（十一週）的團體諮商，結果顯示實驗所進行之「合理情緒團體諮商」對於大學女生不合理信念及情緒困擾，並未產生影響。王氏（民 76）以高中適應不良學生為對象，進行理情訓練，效果亦不彰顯。

　　筆者鑒於國內的理情研究是少，而且國內以輔導理論為基礎所發展的預防取向之輔導課程，亦不多見；目前只有溝通分析（許慧玲，民 72）、價值澄清（歐滄和，民 71）、理情治療（連麗紅，民 73）等

課程研究，而以理情教育爲基礎的輔導課程之實證研究則尚付闕如。故筆者（民74）曾以「理情教育課程對國中學生理性思考、情緒穩定與自我尊重之影響」爲題進行研究，探討理情教育課程對國中學生理性思考、情緒穩定及自我尊重之影響，並比較不同性別、不同智力水準的學生，接受實驗處理（理情課程）後在各依變項上的變化。研究對象係取自台北市明德國中八個班級的二年級學生，共三八〇人；隨機分派四班爲實驗組，接受理情教育課程，四班爲控制組，接受一般輔導活動課程。兩組教學皆由筆者親自擔任，每週進行二次教學，共計六週（10小時）。以自編之「理性觀念測驗」（測課程內容習得）、「自我態度量表」（測自我尊重）及自行修訂的「個人信念量表」（測非理性觀念）、「情緒穩定性量表」（測情緒穩定）爲評量工具，所得資料分別以重覆量數二因子變異數分析和二因子共變數分析進行處理。本研究主要發現如下：

一、實驗課程對增進理性思考有顯著的效果。

　　㈠實驗課程對增進理情教育課程內容的習得，有正向的效果。

　　㈡實驗課程對減低非理性觀念，有正向的效果。

二、實驗課程對增進情緒穩定性有顯著的效果。

三、實驗課程對自我尊重沒有影響。

四、在增進理性思考、情緒穩定、自我尊重等方面，男女生的實驗效果均無顯著差異。

五、在減低非理性觀念及增進情緒穩定方面，高智力組學生的實驗效果優於低智力組學生；在增進理情教育課程內容習得及自我尊重方面，高、低智力學生的實驗效果則沒有顯著差異。

　　綜合上述結果，可知：理情教育課程有助於學生理性思考、情緒穩定的增進，但對自我尊重沒有影響。對男女生的效果沒有顯著差異，但本課程較適用於高智力的學生。

第四章 理情教育課程、手冊的編擬及應用時之建議

本書中，筆者所編擬的理情教育課程包括了教師手冊（附錄一）及學生手冊（附錄二），是由筆者參考國內外文獻及配合國內國中生生活經驗及需要所編擬而成的，共十個單元。其主要目的乃在幫助學生了解理情教育的基本內涵，建立合理、客觀的思考，增進其自我悅納的態度並預防情緒困擾的產生。

本課程乃以一九七〇年左右所發展出來的「理性─情緒教育」為基礎，主要參考資料為 Knaus（1979）所著的 " Rational emotive education : A manual for elementary school teachers " ；Katz（1974）在其博士論文中所提出的課程設計和 Gerald & Eyman（1981）所著的 " Thinking straight and talking sense : An emotional education program" 一書。此外，比較重要的參考資料尚有 Harris（1976）所編擬的理情教育課程，Young（1974b）所著的理情手冊 " A rational counseling primer " ，McMullin & Casey（1975）所著的一本作業式的練習手冊 " Talk sense to yourself " ，Kranzler（1974） 所著實用性頗高的 " You can change how you feel " 和國內連麗紅（民73）所編擬的理情課程。

壹、本課程特色

本課程所依據的理論，在國外已有三十多年歷史，應用十分廣泛，其有效性已得到多數實證研究的肯定支持，故頗具權威性。其亦為一預防、成長發展取向的教育模式課程，不同於一般的治療模式，具有預防性、教導性、結構性和統整性。此外，本課程尚具有一些特點：

㈠嚴謹性：本課程除了參考許多國外理情課程之外，並綜合筆者實際應用之經驗，逐步發展而成。筆者以漸進的方式將理情原則應用於不同對象上，首先以認知行為策略對一名國中生的考試負向想法進

行一個半月的個案研究；繼而以六名大學生為對象，採教學方式進行兩天的理情研習會，接著，又以兩班國中生為對象，進行約兩個月的大班級教學；最後，再以四班國中生為對象，進行約一個半月的大班級教學，如此，由單一受試的治療取向發展至大團體的教學型態，終而訂定本課程之基本架構。

㈡**活動性**：以各種活動方式進行課程教學，乃是理情教育課程之特色，且由實驗研究中亦顯示經由演練、家庭作業、閱讀等活動，可增進課程之效果（ Digiuseppe, 1975a ; Keller, Croake, & Brooking, 1975 ）。 故本課程雖富教導性，但仍強調學生的參與，而非只是認知上的傳授，上課方式力求生動活潑，每一個單元採用各種不同的活動方式進行，例如：在「感覺、情緒知多少」單元中以「情緒猜謎」活動來闡明「對同一事件，每個人感覺不同，表達方式也不同」；在「駁斥非理性想法」單元中，則以「偵探大賽」的活動方式進行駁斥練習。此外，尚有：理情歌曲創作及對抗賽、「看圖說情緒」、演劇、「主席排」、區辨練習、腦力激盪、搶答等各種活動方式。教材教具方面亦力求生動、實用，故本課程中採用絨布板教學，以活潑的形式呈現教材內容，並配合學生思考速度展示教材，這樣不但可增加學生思考的機會、節省教師寫黑板的時間，也可增加學習興趣，有助於教學效果之提昇。此外，並以漫畫方式編擬理情教育手冊（見附錄二），作為輔導之教材。

一般而言，每次課程均安排講述、活動演練及家庭作業。講述部分由筆者配合實例說明，儘量簡明易懂，說明後藉由各種活動進行演練，課後並有家庭作業，作更深一層的體驗。

㈢**實用性**：理情教育欲協助學生應對其生活中的壓力，並強調將所學應用於日常生活中，在教室中所發生的情緒問題亦可當場應用所學來解決，故在本課程中，常利用演劇使其面對生活中常遇見的困擾與壓力以了解應對之道；講解時所舉的實例和家庭作業，亦多與學生日常生活經驗相配合。教師並常以課堂上「此時此刻」所發生的情境

為例，說明如何應用所學於實際生活之中，務使所學與實際生活經驗相配合，故本課程之實用性頗高。

貳、本課程內容

　　所有課程內容初步擬定後，筆者先在兩個班級中試教，以熟悉課程之實施，了解學生的需要及理解程度，作為修改課程的主要參考。為了增加修正的有效性，筆者在試教學生的家庭作業中增添「今天我覺得……」一欄，請其針對每次上課的活動方式、內容及時間分配等項目加以評鑑。此外，筆者亦將每次試教情形予以錄音，於當天課程結束後重播錄音內容，進行自我評鑑，並將課程進行過程、心得與檢討記錄下來，再根據這些資料修正、補充，成為本課程的正式內容。

　　本課程包括七個主題，十個單元，其單元名稱、目標與主要實施方法，列於表 4 — 1 。至於本課程詳細內容請參見附錄一及附錄二。

叁、理情手冊的編擬

　　為了便利課程之進行，增進學習的興趣及充實學生知能，筆者乃參考國內外文獻，配合課程內容以漫畫方式編擬了「理情教育」手冊。本手冊採用單元編製，共計十冊，文字力求簡明清晰，課程內容力求深入淺出，具教科書、補充教材與家庭作業等多重功能。課前可供學生預習，上課中可配合各單元設計之需要機動性使用，課後尚有練習題、家庭作業與補充閱讀供複習、自修之用。教師可依學生程度與需要，靈活應用，學生亦可依其興趣和需要，自由選讀、填寫。本手冊共有十個單元，每一個單元內容大致包括八個部分：㈠「溫故知新」：歸納上次單元重點。㈡課程概要：以圖畫方式呈現課程內容，所舉之實例儘量與課堂上所說的不同，並增添補充教材，以彌補上課之不足。此外，亦包括上課時將進行的活動，可供學生寫下活動反應與內容。㈢「習作園地」：有許多練習題可自由填寫，或可選擇重要題目作為家庭作業，內附解答以供自行核對。此外，尚有「關鍵題」，

表 4 ― 1 　理情教育課程摘要表

理　情　教　育　課　程			
主　　　　題	單　元　名　稱	單　元　目　標	主　要　實　施　方　法
㈠認識情緒	㈠感覺、情緒知多少？	說明感覺、情緒的要義。	腦力激盪、「我演你猜」、講述。
㈡情緒ＡＢＣ理論	㈡誰控制我們的情緒？	介紹情緒ＡＢＣ理論。	「看圖說情緒」、動動腦、區分練習。
	㈢情緒ＡＢＣ	由演劇中更深入體驗「ＡＢＣ」理論內涵。	演劇、討論。
㈢主觀與客觀	㈣主觀與客觀	說明主觀、客觀的要義。	區辨練習、「我在推論嗎」、講述、搶答。
㈣認識理性和非理性想法	㈤非理性的世界	介紹日常生活中常有的非理性想法。	講述、搶答、歌唱。
	㈥挑戰的第一步：分辨理性和非理性想法	辨識理性、非理性想法之相異處。	歌曲對抗賽、區辨練習、「不進則退」。
㈤去除非理性想法	㈦挑戰的第二步：駁斥非理性想法	介紹駁斥非理性想法之技巧。	舉例講述、「偵探大賽」。
㈥實際應用	㈧真的是世界末日嗎？	練習向「要求」、「災難化」想法挑戰。	舉例講述、「腦中作業」、歌曲創作。
	㈨向自卑挑戰：缺陷也是一種美。	練習向自卑感挑戰。	「主席排」、演劇、優點轟炸。
㈦總複習	㈩理情路上你和我	複習、頒獎。	帶動唱、搶答。

乃爲澄清重要觀念而設，對釐清學生觀念有很大的助益。㈣「我的世界」：卽家庭作業，多爲探討自己內心世界的習作練習，具複習、統整、經驗分享及實際應用練習之功能。本課程之家庭作業探 B.S.Sidney 的建議：學生應記錄每個活動的感受，以了解其成長、學習的過程和活動中學得的經驗，所以在活動結束後，請學生以「我學到……」的敍述來記錄所學。故本手冊之家庭作業中，每次均有「今天我學到……」一欄，以達自我統整、自我評鑑的目的。此欄進行方式，可探每週固定塡寫方式，若欲顧及學生平日作業繁多，可改採自由塡寫或於上課中分享之方式，其他作業則於課堂上說明淸楚後，請學生於課業完成，並於下次上課前交回批改，批改後發還並獎勵認眞塡寫之組別與個人。㈤「叮嚀與囑咐」：囑咐下次上課所需準備的事項與物品。㈥「下週預告」：事先告以下次單元主題，使產生學習心向並引起學習動機。㈦「迴響」：此欄仍供迴饋之用。除了固定寫出補充閱讀讀後感外，學生可自由塡寫，例如對本課程之建議等，以作爲改進之依據。㈧「補充閱讀」：此乃理情治療中「閱讀治療」的應用。鑒於理情治療中的「閱讀治療」有助於治療效果的提昇（ Digiuseppe　et al., 1979 ），筆者乃配合課程需要和學生程度選取或編寫適當的補充教材，以充實課程內容，並請學生閱畢後將讀後感寫於「迴響」欄中。

　　本手冊爲一補充教材，學生可自行閱讀、塡寫，其與課程相互呼應、相輔相成，關係十分密切。手冊之運用極具彈性；筆者的運用方式大多是事前發下該單元手冊，供預習之用；上課中則配合課程設計需要使用；課後則爲家庭作業之用。

肆、應用本課程時之建議

一、理情敎育課程推廣方面

　　㈠可應用於國中生：經筆者（ 民 74 ）研究結果發現國中學生不

但能理解理情教育課程的內容，而且能由課程中獲益。本課程對增進學生理性思考、情緒穩定上有正向的效果，在實際教學上值得採用。

　　㈡可推廣「Ａ─Ｂ─Ｃ理論」：「情緒Ａ─Ｂ─Ｃ」理論是理情教育課程的基礎，淺顯易懂，頗值得推廣。在筆者（民74　）研究中亦發現，學生對於此一理論的印象最深，學習興趣最高，且產生的影響亦很大。

二、課前準備方面

　　㈠先了解班級特性或特殊份子：在進行教學前，可由導師或科任老師口中了解班上大致情況，以配合學生需要設計課程，或對行為適應不良的特殊份子，進行「行為改變」，多予正增強，鼓勵其良好行為並建立良好關係，「降服」好鬧的同學後，方能順利推展課程。

　　㈡可設置「預備週」：教導理性課程之前，可先花一、二節時間與學生彼此認識，建立關係，進行暖身活動，建立教室常規，待一切就緒後再開始進行理情課程，以免過分唐突。

三、課程內容設計方面

　　㈠可將理情課程融入一般輔導活動課程，甚至融入各種學科之中。筆者深深覺得，雖然理情的基本理論需要學習，但是不必以一段時間專門來講授理情課程的理論。在筆者（民　74　）研究中顯示，雖然各單元主題有相當的差異，但是學生大多反應，為何老是上同樣的主題，總是那些內容，因此，筆者覺得最好能將理情課程融入一般輔導活動課程中，以理情方法為骨架，以一般輔導活動課程為單元內容來上效果較佳。具體言之，即是先以三～四週時間學習理情課程基本概要，再以理情原則來上升學、就業、交友……等單元內容，例如：進行有關升學、就業的單元時，可使學生了解到他們的想法影響其作升學或就業的抉擇，而且可幫助學生找出影響其唸書的自我貶損想法，例如「反正怎麼唸也考不上學校，不用唸了」等。如此，不但各單元內

容富變化，且可將理情的理論與實際問題相互驗證，作更深一層的體認。此外，更遠程的目標，即是將理情原則溶入各學科中，像理情協會所辦的「生活學校」即是將理情原則和一般正規課程融合在一起的最佳示範。在研究文獻中，亦可證實此建議的可行性，Knaus（1977 b）即認為理情課程不必和一般正規課程分開，各自獨立；事實上，一些理情的重要概念，亦可溶入一般課程之中。筆者茲綜合實施之心得，提出下列意見以供參考：

1.一系列的正式課程：先以活動方式進行知識性的傳授，再逐漸採取體驗性、演練性的活動，由實做中去運用所學，例如：演出一情境，大家以理情技巧來協助解除難題，或利用所學的技巧，來解決班上同學常有的一些困擾。

2.固定的團輔時間：除了大班級預防性認知教學外，尚可輔以團體輔導方式，解決個人問題。每週可有一固定時間，每位成員帶著自己的問題、困擾來到團體之中，大家一起以理情的方法幫助其解決，若沒有問題，亦可就一般事件進行討論、演練。

3.溶入一般課程、活動中：在學校各種活動，各種課程，甚至各種時間、地點中，皆可應用理情原則來解決問題，將所學實際應用於周遭的各個情境之中。把理情的方法當成極自然的一種處理問題的態度與方法，運用自如。若能綜合此三種方式進行長期的教學，則可能有更大的效益。

㈡可依智力的不同設計不同課程或使用不同方法。筆者（民74）研究結果發現本課程對高智力者較有效，其原因可能是高智力者多集中在前段班，因此無論在理解能力、認知發展、學習態度、學習方法、學習環境各方面都較低智力者優秀，再加上本課程採短期密集式教學，低智力者似乎無法在短期內「內化」所學，仍停留在知識的層面，而高智力者已超越認知層面，將所學「內化」，使得非理性觀念大為減低，且情緒亦更穩定，故在實施本課程時可因應學生能力的不同，設計不同的課程或選用不同的教學方法。例如：應用於低智力者

或不擅於理解認知的學生時，可簡化課程內容，採循序漸進的方式進行長時間的教導，且應用更多的活動、視聽教材、卡通漫畫等趣味性方式輔助課程之進行。Roush（1984）曾針對認知能力較低的青少年提出三項適用的教學方法，可供參考：

1.可將十個非理性想法簡化成幾類，使學生易於辨識。

2.教師要善於處理學生犯錯時的情緒反應，要培養其「一個行為不代表一個人價值」的觀念，教師本身亦要做到，對學生不當的行為仍要無條件的接納，不持著批判、責難的眼光，而保持情緒中性的態度，無條件的接納青少年的價值。

3.多用功能性、實證性的駁斥，少用邏輯性的駁斥。換言之，即駁斥使自己痛苦或缺乏事實性資料的想法，而不以邏輯性的思考方式直接攻擊非理性想法。尤其當青少年有自大、自傲的想法時，更適宜採用較有人文取向的功能性駁斥，此時教師是站在協助的立場，使其了解讓他痛苦的想法帶給他多少的不快，而非以教誨者、訓示者的角色或以邏輯思考方式來打擊其非理性想法。

㈢針對學生的需要設計課程內容。可配合班級特性、學校行事曆、實際生活經驗或時事作彈性設計。例如：在月考前可針對其緊張、焦慮下所包含的非理性想法做處理；月考後可針對其考壞後所產生的自我貶損的想法予以駁斥；或可針對與學生有關的時事新聞進行討論。尤其在升學主義壓力、學業成就取向的教育環境下，針對國中生考試焦慮設計一套幫助學生建立合理正確考試態度的訓練方案，實在是相當重要的。

㈣課程內容勿太多。理情教育課程對學生而言，是相當新的理論，故進行時課程內容勿太多，以免學生無法吸收、消化，或引起煩燥的感覺。

㈤增加「自我了解」課程內容設計。筆者（民74）研究結果顯示本課程對理性思考、情緒穩定的增進都有顯著的效果，唯獨對自我尊重沒有影響，造成此一現象的原因有很多，其中一個主要原因可能

是教法不當，即未先讓學生自我了解後再進入自我接納的層次。在此，筆者茲綜合有關文獻提出一個簡單的課程設計，幫助學生以理情的方式來了解自我概念的內涵和影響因素，進而克服所遇到的困擾，而不致於學了理情法後，反而責怪外界不配合自己，爲何他人都沒有理情的概念。這個課程設計可依下面幾個步驟進行：(1)先讓學生學習自我概念、自我尊重的意義，使其了解我們怎麼想，就會怎麼做，因而形成我們現在的樣子。(2)探討同輩團體、家人和四周的人是如何的影響自己及應用什麼方式和態度來看這些影響。(3)了解個人眼中的自己是怎樣的一個人。使學生有機會了解自己的能力和限制，唯有正確的了解自己，才能客觀、合理的駁斥，產生新的感覺與行動。

㈥本課程內容的缺失與改進

　　1.第四單元「主觀與客觀」內容太深，尤其「主觀」、「客觀」的涵義和如何「客觀化」的方式，學生不甚了解；而且，時間太短，宜增加爲二～三小時。在試驗性教學時，本單元進行了三小時，故學生不但了解，而且亦表示由此單元中獲益甚多。因此，此一單元學生不是不能學，而是要改以更淺顯的話語和更充分的時間，方能有效。

　　2.介紹非理性想法的方式宜改進。在試驗教學時，筆者採歸納法介紹各種非理性想法，由學生日常生活的經驗或困擾中，慢慢點出各種類型的非理性想法，但效果不彰。主要原因可能是筆者的「功力」不夠，無法引導得很好。因而，在正式研究中（民 74 ），改採正面，平舖直述的方式來介紹常有的四、五種非理性想法，並添加許多實例；然而，效果亦不甚佳，原因是學生不喜歡教師以講解的方式進行輔導活動課，在前段班效果尚不錯，但男生後段班則效果甚差。綜合這二次的心得，筆者認爲，仍應以歸納式的方式介紹非理性想法，讓學生傾訴其困擾及有關經驗，教師由此再歸納說明常有的幾個非理性想法，如此，效果可能會較好。若採用此法，教師本身對非理性想法則需有相當透徹的了解才行。

3.學理方面課程太多。在十個單元中，介紹理情教育的基本理論即佔了七個單元，而針對某個非理性想法的實際應用、演練的單元，則只有二個，比例太少。因為實作性單元，對學生助益更大，故可針對學生常遇見的問題，專題探討、演練，以應用學理於日常生活中，發揮理情教育的效果。探討的主題，可包括「叫綽號」，對某事所持的偏見，刻板化印象，惡作劇，強欺弱事件等。

四、課程進行方式方面

㈠強調「自助」。儘量使學生了解理情課程是一種教人如何幫助自己的課程，使其明白本身即是一個自助的資源。

㈡進行方式儘量生動、活潑。本課程強調以生動、活潑的方式進行，故設計各種的活動、教具，甚至以漫畫方式編擬教學手冊，對教學效果有很大幫助。若缺乏多變化的活動，將會使認知取向的理情課程，顯得十分枯燥無味（各種活動設計可參見本書附錄一及附錄二）。

㈢強調實用性。除了所舉的例子配合其生活經驗之外，教師儘量以上課時當場發生的各種情境為例，進行討論、演練，強調「此時此刻」與「問題解決取向」的方式。

㈣強調雙向溝通。理情課程之進行，不宜全以教師講解的方式進行，十分需要以活動、討論、演練的方式進行，多給予學生發問、思考的機會，強調師生雙向的溝通，而非教師單獨唱「獨角戲」。

㈤善用「主席排」方式。「主席排」是由一組學生來主持整堂課的一種上課方式，在輔導活動課中運用極廣。筆者（民 74 ）研究採取此法，乃是應學生強烈的要求，臨時增添的活動。運用此法時宜選擇學生可勝任的主題：如第一單元「感覺與情緒」，並要事先訓練，以免偏離主題或進行的內容太膚淺。

㈥與其他方法併用。筆者覺得學生在進行「駁斥」時，似乎都無法體會在話語後所隱藏的非理性想法，而多比較偏向找一個比較合理

又能讓自己愉快的話來替代那引起負向情緒的想法。即有點偏向以「找理由」、「理由化」的方式來取代原來引起困擾的想法，而不是去駁斥非理性想法為何是錯誤的，亦不是去證明此非理性想法缺乏事實性資料支持。可見國中生對「駁斥」的方式尚不能完全掌握。例如：「要參加演講很緊張」，學生則多只能停留在表面的想法上：「講不好怕被笑」，而較不能深一層的體會其中隱含的非理性想法：「我應該講的好，講壞了是很糟的」（糟糕化）；學生的駁斥也多偏假設一個理由的方式：「不一定會講不好」、「講不好也不一定會被笑」；對於較深入的駁斥則較不熟練：「為什麼講不好就是一件很糟的事？為什麼被笑是很糟的？有什麼證據可證明？雖然被笑是不愉快的，但還不致於到糟透了的地步……」，即使學生會駁斥，但似乎仍不能完全體會駁斥內容的意義。

再者，根據筆者的研究心得，發現理性情緒治療和思想中斷法（thought stopping），Meichenbaum 的自我教導法（self-instruction），Beck 的認知治療比較起來，理情治療的層次似乎更深了些；其強調當事人整個基本哲學人生觀的改變，對國中生而言，反不如思想中斷、自我教導法具體，淺顯。故進行本課程時，若和其他認知行為改變法一起應用，效果或許更好。此外，亦可考慮加上理情理論其他的技巧：如理情想像法（rational-emotive imagery）、理性自我分析（rational self-analysis）、或行為演練技巧、補充閱讀等。Miller & Kassinove（1980）曾比較 REE 講解組、REE 講解＋行為演練組、REE 講解＋行為演練＋家庭作業組和控制組，研究結果支持理情教育課程的有效性，特別是增加行為演練的組別。再者，有許多研究也顯示 Ellis 的閱讀治療，給當事人看有關理情治療的書籍的效果十分良好，對增進當事人理性思考、減低其焦慮，皆十分有效（Jacobs & Croake, 1976；Keller et al., 1975）。在筆者（民 74）研究中，理情手冊中類似閱讀治療的「老師講古」、「補充閱讀」部分，亦深受學生歡迎，對增進教學效果頗有助益。不過，也不是加入其他技巧後，

效果自然會增加，像 Katz（ 1974 ）除了 REE 講解組（ 30 小時）外，又設另一組 REE 講解十小團體（ 6 小時）組，結果加入其他進行方式的組別對依變項並無產生影響。故合併其他方法時，仍要視學生需要、問題性質等因素而定。

㈦要經常的練習。若要課程的效果持久些，在課程結束後，仍要定期給予一些作業或練習才行。

㈧家庭作業勿過多。家庭作業是理情治療的特色之一，有其特殊的治療效果。但是在理情教育課程中，給予平日作業已不少的學生一些家庭作業，則往往成為沈重的負擔，有時候反而會影響課程進行的效果。在筆者（ 民 74 ）研究中，許多學生表示不喜歡寫家庭作業，有些反應較強烈者，甚至表示因為要寫作業，使他連帶的不喜歡附有家庭作業的理情手冊。筆者在教學過程中可感受到學生不喜歡家庭作業間接亦影響本課程的效果，也影響對本課程接納的程度。 Leibowitz（ 1980 ）亦有同樣的結論。他以小學四年級高、低情緒適應的學生為對象，分成 REE 講解組、REE 講解十家庭作業組、控制組三組進行，比較三者在應對負性情緒行為的能力及情緒適應上的效果。結果發現設置家庭作業的一組，其效果比單獨只用 REE 者差。他推論可能的原因是學生對於每週做的家庭作業有負向態度。因此，在對求學中的學生設置理情課程家庭作業時，應顧及其學業的壓力、動機及有效性等因素，以免產生負向結果。

㈨進行課程的時間不宜過密、過短。雖然，筆者（ 民 74 ）研究結果顯示學生有能力學會理情認知的教材，但要進一步形成內化的人格特質，仍需相當的時間。

Ellis（ 1957 ）曾指出治療者在進行理情治療時，應教導當事人如何去觀察、尋找其深層的不合邏輯的思考，然而就國中生認知上的發展和筆者（ 民 74 ）研究時間上的限制看來，學生似乎尚不能找出深一層的不合邏輯想法，不能完全了解駁斥的真義，亦未能有足夠的時間去體會、觀察，故往往在做區辨理性或非理性的練習時，學生都會

，但要在家庭作業中區辨、分析、駁斥自己的想法時，則顯得較困難，似乎仍停留在認知的層次。故實在需要較長的時間，讓學生慢慢去消化所學。而且時間亦不宜過密，以免影響學習興趣，而產生厭煩的感覺。

㈩先培養良好的學習態度。筆者（民 74 ）研究結果顯示本課程對低智力者較無效，探討其原因，除了本身能力的限制外，不良的學習環境與學習態度亦是主要的因素。教師首先要花一些時間整頓後段班的秩序，建立良好的學習環境，並要使其注意力集中，以利課程之進行。儘量使早已放棄自己、放棄學習的後段班學生，重新產生學習的興趣。

㈠善用視聽教材和生動的教具。影片、幻燈片、錄音帶的利用，可使課程生色不少。筆者（民 74 ）研究探絨布板教學，不但提高學生興趣，節省了不少寫黑板的時間，而且漫畫式的手冊更是受學生歡迎。唯手冊之運用方面過於被動、消極，由於時間的限制，只作補充教材，只能與學生共同瀏覽其中一小部分，其他部分則有賴學生自行閱讀。若能更充分地運用手冊，相信效果會更佳。

五、教學者方面

㈠需要專業知能。理情教育十分重視教學者的專業背景，強調要受過專業訓練，具客觀態度和高度敏感度者方能勝任。國內尚無理情協會之類的組織以訓練理情方面的教師，故需要教學者自行自修、體會。

㈡每位教師均可成為理情課程的教學者。理情的方法簡明具體，而且和一般教學方法相似，故輔導員可教導教師將理情的方法應用於教室中。教師是學生們模仿的對象，與學生接觸最多，因此，由教師教導理情教育課程對建立學生合理、客觀的想法，有很大的助益。

㈢建立自己的教學型態，不必一味模仿 Ellis 的模式。教學者不必一味的按書上 Ellis 的「Ａ—Ｂ—Ｃ—Ｄ—Ｅ」的步驟做，要深入

的去了解理論內涵，融入自己的人格特質並配合學生的需要，以決定適當的方式。Huber（1985）曾提出一個問題「理情治療者一定要按Ellis 的模式實施嗎？這才叫做理情法嗎？」他的答案是否定的，他認為治療的步驟要有彈性，當他選用某種方法來進行時，是因為這個方法適合當事人，而不是因為那是 Ellis 所提出的方法。因此，教學者應體認此一事實，融合理論與經驗，創造出最適合自己使用，也最適合學生需要的教學法。

　　㈣了解理情法的限制。每種教學法都有其限制，教學者勿認為只要使用此一課程，即可產生正向影響。運用時要注意：應用對象的限制，善用駁斥以免使學生產生反感，需先建立良好關係，考慮非理性想法內容是否符合國情……等。

　　㈤上課過程可錄音。可用小型錄音機將上課過程錄音下來，以為將來修正課程或自我評鑑之用。

六、學生方面

　　㈠了解學生對輔導活動課之印象。在筆者（民 74 ）研究中，於課程開始之初，筆者曾大致說明課程進行方式，但未曾與學生「雙向溝通」以了解其對輔導活動課的心態和期望，以致學生對昔日輔導活動的刻板化印象，曾一度干擾課程的進行（覺得本課程較以往輔導課程枯燥），產生排拒本課程之現象。故在開始之時，可與學生充分溝通關於課程之進行方式、內容與特色；例如，使其了解這幾週將探討同一個主題，而且教師講解亦佔一重要地位，說明與過去輔導活動課相異之處，以免造成學生排拒的心態。

　　㈡增強學生學習動機。在認知取向的課程中，最難的是引發學生的學習動機，但此一因素卻又顯得特別重要。若缺乏動機，此預防性的輔導課程便無法發揮預防性的功能。教師要儘量利用各種方式增強學生動機，除了使用各種生動的活動、視聽教材外，亦可考慮社團活動自動報名的方式招生，或以自願參加者為對象，以增加課程的有效

性。

七、父母、師長方面

　　㈠鼓勵一般教師、家長接受理情教育課程。使其將理情原則應用於各種教學情境或家庭之中，使學生亦能在充滿合理、客觀想法的環境中成長。

　　㈡請教師、父母參與學生行爲的評量。經過一段時間課程學習之後，可請各科教師或父母評量學生的行爲，使其從課程活動的參與中，對理情方法和學生的行爲能有更深一層的認識。

參考書目

一、中文部分

王淑俐（民 73　）：理性—情緒治療法的理論架構及其應用。訓育研究，22 卷 4 期，30～34 頁。

王偉瑛（民 76　）：理情訓練對高中適應不良學生之影響。輔導通訊，8 期，24～27 頁。

王鍾和、李勤川、陽琪編譯（民 69　）：適應與心理衛生。台北市，大洋出版社。

田文娟（民 73）：參與編訂「輔導活動手册」之心得。測驗與輔導，65 期，1156～1157 頁。

李本華、楊國樞（民 71）：青少年心理測驗手册。台北市，中國青年反共救國團青少年輔導中心「張老師」印行。

李緒武（民 71）：教育社會心理學。台北市，正中書局。

何長珠譯（民 71）：有效的諮商員。台北市，大洋出版社。

何長珠（民 73 a）：合理情緒治療法（RET）與其他學派之比較。輔導月刊，21 卷 1 期，89～94 頁。

何長珠（民 73 b）：認知行為及折衷式團體諮商對焦慮之影響—豐原高中心理輔導團體實驗研究報告。國立台灣教育學院輔導學報，7 期，109～129 頁。

何長珠、何眞譯著（民 73）：你不快樂—合理情緒治療法。台北市，大洋出版社。

何長珠（民 74）：合理情緒治療法進階。台北市，大洋出版社。

余昭（民 68）：人格心理學。台北市，三民書局。

呂祖琛譯（民 64 a）：理性的—情感的精神治療：艾里斯（上）。國民教育，20 卷 5 期，6～8 頁。

呂祖琛譯（民 64 b）：理性的—情感的精神治療：艾里斯（中）。國民教育，20 卷 6 期，14 頁。

呂勝瑛譯（民 73 a）：增進自我概念。台北市，遠流出版社。

呂勝瑛（民 73 b）：諮商理論與技術。台北市，五南出版社。

吳武典（民 69）：學校輔導工作的基本概念。載於吳武典主編：學校
　　　　輔導工作。台北市，張老師月刊—輔導研究雜誌社，1～19 頁。

吳英璋（民 74　）：國中學期中考試焦慮現象之調查研究。中華心理
　　　　衞生學刊， 2 卷， 141～149 頁。

吳英璋、袁以雯、祝炳珣（民 72）：考試焦慮的消除—認知行爲矯治
　　　　法的實例說明。測驗與輔導， 56 期，930～954 頁。

吳英璋、王守珍校閱（民 76　）：理性心理治療。台北市，大洋出版社。

吳宗賢、黃淑英（民 73）：行爲治療。台北市，大洋出版社。

吳聰賢（民 67）：態度量表的建立。載於楊國樞等編：社會及行爲科
　　　　學研究法（上）。台北市，東華書局，463～491 頁。

宗亮東（民 73）：新編國中輔導活動學生手册的特質。測驗與輔導，
　　　　65 期，1150～1151 頁。

吳麗娟（民 72）：台北市國民中學「指導活動」課程實施之調查研究
　　　　。輔導月刊， 20 卷 1 期，89～105 頁。

吳麗娟（民 73）：談國中班級輔導活動新手册之運用。測驗與輔導，
　　　　65 期，1157～1160 頁。

吳麗娟（民 74）：理情教育課程對國中學生理性思考、情緒穩定與自
　　　　我尊重之影響。國立臺灣師範大學輔導研究所碩士論文。

林再連（民 68）：青少年身心發展與輔導答問。台北市，育英社。

林邦傑（民 70）：田納西自我概念量表指導手册。台北市，正昇敎育
　　　　科學社。

林家興、吳靜吉（民 71）：個人取向量表指導手册。台北市，中國青
　　　　年反共救國團青少年輔導中心「張老師」印行。

邱維城（民 67）：我國國民中學實施班級指導活動之現況及其改進意
　　　　見。載於宗亮東等著：輔導學的回顧與展望。台北市，幼獅文
　　　　化事業公司，483～505 頁。

邱維城（民 73）：國中班級輔導活動手册之編寫。測驗與輔導，65 期

，1151～1153頁。

范德鑫（民69）：我國學校輔導工作的現況。載於吳武典主編：學校輔導工作。台北市，張老師月刊－輔導研究雜誌社，427～436頁。

周鍾淡（民71）：理性－情緒治療法的理論和應用原則。載於劉焜輝、汪慧瑜編：輔導論文精選（上）。台北市，天馬出版社，83～90頁。

紀文祥（民67）：合理情緒治療法。載於宗亮東等著：輔導學的回顧與展望。台北市，幼獅文化公司，345～370頁。

柯永河（民64）：青年期的心理特徵。載於中國青年服務社編印：青年問題與輔導方法。台北市，中國青年服務社，1～13頁。

洪有義（民63）：I－E量表。台北市，國立臺灣師範大學教育心理系。

洪有義（民69）：我國學校輔導工作的檢討與改進。載於吳武典主編：學校輔導工作。台北市，張老師月刊－輔導研究雜誌社，439～452頁。

胡秉正等著（民69）：青年心理學。台北市，中國行為科學社。

袁以雯（民71）：國中學生考試焦慮的處理－認知行為矯治法的實例研究。國立臺灣大學心理學研究所碩士論文。

莊耀嘉（民70）：健康的性格。台北市，桂冠圖書公司。

徐蓓蓓（民72）：教師個人特質、師生口語互動與學生對教師行為的知覺、學生學業成就之關係。國立臺灣師範大學輔導研究所碩士學位論文。

教育部國民教育司編（民69）：國民中學輔導工作專題研究輯要。台北市，教育部國民教育司編印。

教育部（民72）：國民中學課程標準。台北市，正中書局。

許天威（民72）：行為改變之理論與應用。高雄市，復文圖書出版社。

許慧玲、許錫珍（民69）：輔導取向的課程設計。載於吳武典主編：學校輔導工作。台北市，張老師月刊─輔導研究雜誌社，233～238頁。

許慧玲（民72）：溝通分析課程對國中生自我概念與成就動機之影響。國立臺灣師範大學輔導研究所碩士論文。

許錫珍、邱維城、張春興（民66）：國民中學輔導工作實施狀況調查研究。教育心理學報，10期。

郭生玉（民62）：國中低成就學生心理特質之分析研究。國立臺灣師範大學教育研究所集刊，15輯，451～534頁。

郭生玉（民70）：心理與教育研究法。台北市，大世紀出版事業公司。

郭爲藩（民64）：自我心理學。台南市，開山書局。

國立編譯館主編（民71）：國民中學指導活動教師手冊（二年級下學期用）。台北市，國立編譯館。

張春興（民65）：國小男女兒童學習行爲的差異與其教師性別的關係。教育心理學報，9期，1～20頁。

張春興等（民66）：國小男女學業成績的性別差異與其教師性別的關係。教育心理學報，10期，21～34頁。

張幸雄（民66）：非理性觀念與情緒困擾的關係。國立臺灣大學心理研究所碩士論文。

張進上（民67）：理性情緒治療法在諮商過程中的應用。臺灣教育，359期，21～23頁。

連麗紅（民73）：理情治療法對國中女生輔導之效果。國立臺灣師範大學輔導研究所碩士論文。

陳月文（民70）：我不再害怕考試─以認知矯治「考試焦慮症」。張老師月刊，7卷3期，15～17頁。

陳怡安（民73）：積極自我的開拓。台北市，洪建全教育文化基金會書評書目出版社。

陳若璋（民 69）：學校輔導的計畫。載於吳武典主編：學校輔導工作
　　。台北市，張老師月刊—輔導研究雜誌社，135 頁。

陳英豪（民 67）：國中輔導工作現況的檢討及今後努力方向。教育文
　　粹，7 期，4～9 頁。。

陳健仁（民 71）：如何消除緊張。台北市，長橋出版社。

陳慶福（民 74）：合理情緒團體諮商之實驗。國立臺灣教育學院輔導
　　研究所碩士論文。

程玲玲（民 70）：（考試焦慮）理論與文獻的探討。張老師月刊，7
　　卷 3 期，12～15 頁。

黃秀瑄（民 70）：認知戒煙策略對國中學生抽煙行為的影響研究。國
　　立臺灣師範大學輔導研究所碩士論文。

黃堅厚（民 74）：青年的心理健康。台北市，心理出版社。

黃堅厚等（民 69）：我國國民教育階段中兒童及青少年身心發展之研
　　究：第三年報告。

黃順德（民 60 a）：本省國民中學指導活動實施狀況調查研究㈠。師
　　友，44 期，12～16 頁。

黃順德（民 60 b）：本省國民中學指導活動實施狀況調查研究㈡。師
　　友，46 期，17～20 頁。

黃瑞煥（民 62）：才賦優異兒童自我觀念與情緒穩定性之研究。國立
　　臺灣師範大學教育研究所集刊，15 輯，369～450 頁。

黃德祥（民 70）：艾里斯與理性情緒治療法。中國論壇，12 卷 7 期，
　　60～64 頁。

黃德祥編譯（民 73）：諮商與心理治療的理論與實施。台北市，心理
　　出版社。

楊國樞（民 63）：小學與初中學生自我概念的發展及其相關因素。載
　　於楊國樞、張春興編著：中國兒童行為的發展。台北市，環宇
　　出版社，417～463 頁。

楊國樞、張春興（民 63）：中國兒童行為的發展。台北市，環宇出版

社，421頁。

楊瑞珠（民65）：兒童內外控信念的先決變項及後果變項之研究。國立臺灣大學心理研究所碩士論文。

楊麗文譯（民73）：快樂的思考法。台北市，桂冠圖書公司。

赫洛克著，胡海國編譯（民66）：發展心理學。台北市，桂冠圖書公司。

蔡順良（民72）：師大學生家庭環境因素、教育背景與自我肯定性之關係暨自我肯定訓練效果研究。國立臺灣師範大學輔導研究所碩士論文。

劉源明（民72）：理性情緒治療法在青年輔導上的運用。自由青年，69卷2期，40～43頁。

歐滄和（民71）：價值澄清法對國中後段班學生成就動機、社會態度之影響。國立臺灣師範大學輔導研究所碩士論文。

賴保禎、簡仁育（民70）：心理衞生（增訂版）。台北市，中國行為科學社。

盧欽銘（民67）：高中學生語文能力的分析研究。教育心理學報，11期，49～62頁。

盧欽銘（民68）：我國兒童及青少年自我觀念的發展。教育心理學報，12期，123～131頁。

盧欽銘（民69）：我國國小及國中學生自我觀念發展之研究。教育心理學報，13期，75～83頁。

盧欽銘（民70）：我國兒童及青少年自我觀念縱貫三年發展之研究。教育心理學報，14期，115～124頁。

蘇建文（民68）：兒童及青少年基本情緒之發展。教育心理學報，12期，99～113頁。

蘇建文（民70）：兒童及青少年基本情緒之縱貫研究。教育心理學報，14期，79～101頁。

二、英文部分

Arnold, M. B. (1960). Emotion and personality. New York: Columbia University Press.

Baisden, H. E., Lindstrom, V. J., & Hector, J. V. L. (1982). Self-hate, self-esteem, and self-acceptance. Rational Living, 17(2), 3-12.

Baither, R. C., & Godsey, R.(1979). Rational emotive education and relaxation training in large group treatment of test anxiety. Psychological Report, 45(1), 326.

Barnhart, P. N.(1982). Irrational beliefs, self esteem, and appraisal in stress and coping. Dissertation Abstracts International, 43(5), 1604B.

Berger, E.(1973). Expressed acceptance of self scale. In J. P. Robinson and P. R. Shaver(Eds.), Measures of social pshchological attitudes (rev. ed.)(pp. 107-112). Ann Arbor, Mich.: Institude for Social Research.

Bernard, M. E.(1984). Childhood emotion and cognitive behavior therapy: A rational-emotive perspective. In P. C. Kendall(Ed.), Advances in cognitive-behavioral research and therapy (pp. 215-253). New York: Academic Press.

Block, J.(1978). Effect of a rational-emotive mental health program on poorly achieving, disruptive high school students. Journal of Counseling Psycho-logy, 25(1), 61-65.

Brody, M. B.(1974). The effect of rational-emotive affective education on anxiety, self-esteem, and frustration tolerance. Dissertation Abstracts Inter-national, 35(6), 3506A.

Buckley, P. D.(1983). Rational-emotive affective educa-tion with socially and emotionally disturbed child-ren. Dissertation Abstracts International, 44(1),

110A-111A.

Cangelosi, A. et al.(1980). The effect of a rational
　　thinking group on self-concept in adolescents.
　　School Counselor, 27(5), 357-360.

Casper, E. F.(1983). A study to determine the effective-
　　ness of rational-emotive affective education upon
　　the academic achievement of sixth-grade children.
　　Dissertation Abstracts International, 43(10),
　　3353B.

Chambers, M. A.(1980). Specific irrational beliefs and
　　their relationship to specific self-defeating emo-
　　tion. Dissertation Abstracts International, 40(9),
　　4962A.

Coopersmith, S.(1973). Self-esteem Inventory. In J. P.
　　Robinson and P. R. Shaver(Eds.), Measures of social
　　psychological attitudes (rev. ed.)(pp. 84-87).
　　Ann Arbor, Mich.: Institute for Social Research.

Crandall, R.(1973). The measurement of self-esteem
　　and related constructs.　In J. P. Robinson and P. R.
　　Shaver(Eds.), Measures of social pshchological
　　attitudes (rev. ed.)(pp. 45-167). Ann Arbor, Mich.:
　　Institute of Social Research.

Daly, M. J. & Burton, R. L.(1983). Self-esteem and
　　irrational belief: An exploratory investigation
　　with implications for counseling. Journal of Coun-
　　seling Psychology, 30(3), 361-366.

Devoge, C.(1974). A behavioral approach to RET with
　　children. Rational Living, 9(1), 23-26.

Digiuseppe, R. A.(1975a). A developmental study of the
　　efficacy of rational-emotive education. Unpublished
　　doctoral dissertation, Hofstra University.

Digiuseppe, R.(1975b). The use of behavior modification
　　to establish rational self-statements in children.
　　Rational Living, 10(1), 18-19.

Digiuseppe, R. A., Miller, N. J. & Trexler L. D.(1979).

A review of rational-emotive psychotherapy outcome
studies.　In A. Ellis & J. M. Whiteley(Eds.),
Theoretical and empirical foundations of rational-
emotive therapy(pp. 218-235). Monterey, California:
Brooks/Cole.

Dinubile, L., & Wessler, R.(1974). Lessons from the
living school. Rational Living, 9(1), 29-32.

Dunkin, M. J., & Biddle, B. J.(1974). The study of
teaching. New York: Holt, Rinehart and Winston.

Eagly, A. H.(1973). Janis-field feeling of inadequacy
scale. In J. P. Robinson and P. R. Shaver(Eds.),
Measures of social psychological attitudes
(rev. ed.)(pp. 76-80). Ann Arbor, Mich.: Institute
for Social Research.

Ellis, A.(1957). Outcome of employing three techniques
of psychotherapy.　Journal of Clinical Psychology,
13, 344-350.

Ellis, A.(1971a). An experiment in emotional education.
Educational Technology, 11(7), 61-64.

Ellis, A.(1971b). Growth through reason. Hollywood,
California: Wilshire.

Ellis, A.(1971c). Rational-emotive therapy and its appli-
cation to emotional education. New York: Institute
for Rational Living.

Ellis. A.(1973a). Emotional education at living school.
In M. M. Ohlsen(Ed.), Counseling children in groups.
New York: Holt, Rinehart and Winston.

Ellis, A.(1973b). Humanistic psychotherapy: The rational-
emotive approach. New York: The Julian Press.

Ellis, A.(1973c). Rational-emotive psychotherapy. In
R. Corsini(Ed.), Current psychotherapies (pp. 167-206
). Illinois: F. E. Peacock.

Ellis, A.(1973d). Rational psychotherapy. In M. R.
Goldfried & M. Merbaum(Eds.), Behavior change
through self-control (pp. 171-182). New York: Holt,

Rinehart and Winston.

Ellis, A.(1974a). Emotional disturbance and its treat-
ment in a nutshell. New York: Institute for Rational
Living.

Ellis, A.(1974b). Emotional education in the classroom:
The living school. In G. J. Williams & S. Gordon
(Eds.), Clinical child psychology:Current practices
and future perspectives (pp. 242-251). New York:
Behavioral Publication.

Ellis, A.(1975). Rational-emotive therapy and the school
counselor. School Counselor, 22(4), 236-242.

Ellis, A.(1977a). Fun as psychotherapy. Rational Living,
12(1), 2-6.

Ellis, A.(1977b). RET as a personality theory, therapy
approach, and philosophy of life. In J. L. wolfe &
E. Brand(Eds.), Twenty years of rational therapy
(pp. 16-30). New York: Institute for Rational Living.

Ellis, A.(1979a). Rational-emotive therapy. In A. Ellis
& J. M. Whiteley(Eds.), Theoretical and empirical
foundations of rational-emotive theory (pp. 1-6).
Monterey, California: Brooks/Cole.

Ellis, A.(1979b). Reason and emotion in psychotherapy
(2nd ed.). Secaucus, N. J.:Citadel.

Ellis, A.(1979c). The practice of rational-emotive
therapy. In A. Ellis & J. M. Whiteley(Eds), Theo-
retical and empirical foundations of rational-
emotive therapy (pp. 61-100). Monterey, California:
Brooks/Cole.

Ellis, A.(1984). The essence of RET-1984. Journal of
Rational Emotive Therapy, 2(1), 19-25.

Ellis, A., & Abrahms, E.(1978). Brief psychotherapy in
medical and health practice. New York: Springer.

Ellis, A., & Blum, H. L.(1967). Rational training : A
new method of facilitating management and labor
relations. Psychological Report, 20, 1267-1284.

Ellis, A., & Harper, R. A.(1979). A new guide to rational living. Hollywood, California: Wilshire.

Eluto, M. S.(1981). The effect of rational-emotive education and problem-solving therapy on the adjustment of intermediate special education students. Dissertation Abstracts International, 41(12), 4657B-4658B.

Geizhals, J. S.(1981). The effect of rational emotive education on a hearing impaired, high school population. Dissertation Abstracts International, 41(12) , 4662B.

Gerald, M., & Eyman, W.(1981). Thinking straight and talking sense: An emotional education program. New York: Institute for Rational Living.

Goldberg, G. M.(1981). Interpersonal behavior and attitudes toward the self as a function of irrational beliefs. Dissertation Abstracts International, 42(3) 1172B.

Goldfried, M. R., & Sobocinski, D.(1975). Effect of irrational beliefs on emotional beliefs on emotional arousal. Journal of Consulting and Clinical Psychology, 43(4), 504-510.

Goodman, D. S. & Maultsby, Jr., M. C.(1978). Emotional well-being through rational behavior training (3rd ed.). Spring field,Illinois: Charles C Thomas.

Greiger, R.(1975). Self-concept, self-esteem and rational -emotive theroy: A brief perspective. Rational Living, 10(1), 13-17.

Hansen, J. C., Warner, R. W., & Smith, E. J.(1980). Group counseling theory and process (2nd ed.). Chicago: Rand Mc.Nally College.

Harris, S. R.(1976). Rational-emotive education and the human development program: A guidance study. Elementary School Guidance and Counseling, 11(2), 113-121.

Higginbotham, T. E.(1976). Irrationality in college

students. Rational Living, 11(1),34.

Huber, C. H.(1985). Pure versus pragmatic RET. Journal of Counseling and development, 63(5), 321-322.

Jacobs, E., & Croake, J. W.(1976). Rational emotive theroy applied to groups. Journal of College Student Personnel, 127-129.

Jasnow, M.(1983). Effects of relaxation training and rational emotive therapy on anxiety reduction in sixth grade children. Dissertation Abstracts International, 43(12), 4149B.

Joubert,,C. E.(1984). Irrational beliefs and response sets. Psychological Reports, 54(2), 426.

Jourard, S. M., & Landsman, T.(1980). Healthy Personality (4th ed.). New York: Macmllan.

Kasper, R.J.(1983). The endorsement of irrational beliefs and its relationship to academic achievement. Dissertation Abstracts International, 44(3), 709A.

Katz, S. (1974). The effect of emotional education on locus of control and self concept. Unpublished doctoral dissertation, Hofstra University.

Kazdin, A. E.(1974). Self-monitoring and behavior change. In M. J. Mahoney & C. E. Thoresen, Self-control: Power to the person. Monterey, California: Brooks/Cole.

Kazdin, A. E.(1978). History of behavior modification: Experimental foundations of contemporary research. Baltimore: University Park Press.

Keller, J. F., Croake, J. W., & Brooking, J. Y.(1975). Effects of a program in rational thinking on anxieties in older persons. Journal of Counseling Psychology, 22(1), 54-57.

Kendall, P. C., & Hollon, S. D.(1979). Cognitive-behavioral interventions: Theory, research and procedures (Eds.). New York: Academic Press.

Knaus, W. J.(1977a). Rational-emotive education. In
    A. Ellis & R. Grieger(Eds.), Handbook of rational-
    emotive therapy (pp. 398-408). New York: Springer.

Knaus , W. J.(1977b). Rational emotive education. Theory
    into practice, 16(4), 251-255.

Knaus, W. J.(1979). Rational emotive education：A
    manual for elementary school teachers(3rd ed.).
    New York: Institute for Rational Living.

Knaus, W. J., & Bokor, S.(1975). The effects of ra-
    tional-emotive education on anxiety and self
    concept. Rational Living, 10(2), 7-10.

Knaus, w. J., & Eyman, W.(1974). Progress in rational-
    emotive education. Rational Living, 9(2), 27-29.
    (From Psychological Abstracts, 1975, 54(6), Abs-
    tracts No. 12543)

Knaus, W.J., & Mckeever, C.(1977). Rational-emotive
    education with learning disabled children. Journal
    of Learning Disabilities, 10(1), 10-14.

Kranzler, G. D.(1974). You can change how you feel:
    A rational-emotive approach. Eugene, Oregon: RETC
    Press.

Lawrence, D.(1981). The development of a self-esteem
    questionnaire. The British Journal of Educational
    Psychology, 51, 245-251.

Legg, C. D.(1981). A study of the relationships
    between the psychological variables of self-concept,
    self-acceptance and locus of control in children
    and adolescents. Dissertation Abstracts Inter-
    national, 42(6), 2575A.

Leibowitz, A. I.(1980). Effects of "ABC" homework
    sheets, initial level of adjustment, and duration
    of treatment on the efficacy of rational emotive
    in elementary school children. Dissertation
    Abstracts International, 40(10), 5009B.

Lipsky, M. J., Kassinove, H., & Miller, N. J.(1980).

Effect of rational-emotive therapy, rational role reversal, and rational-emotive imagery on the emotional adjustment of community mental health center patients. Journal of Consulting and Clinical Psychology, 48(3), 366-374.

Lohr, J. M., & Bonge, D.(1981). On the distinction between illogical and irrational beliefs and their relationship to anxiety. Psychological Reports, 48, 191-194.

Lohr, J. M., & Rea, R. G.(1981). A disconfirmation of the relationship between fear of public speaking and irrational beliefs. Psychological Reports, 48, 795-798.

Mahoney, M. J.(1974). Cognition and behavior modification. Cambridge, Mass: Ballinger.

Mahoney, M. J., & Thoresen, L. E.(1974). Self-control: power to person (Eds.). Monterey, California: Brooks/Cole.

Maultsby, Jr., M., C.(1971). Systematic written homework in psychotherapy. New York: Institute for Rational Living.

Maultsby, Jr., M. C.(1975). Help yourself to happiness : Through rational self-counseling. New York: Institute for Rational Living.

Maultsby, Jr., M. C.(1978). Common Belief Scale. In D. S. Goodman & M. C. Maultsby, Jr., Emotional well-being through rational behavior training (3rd. ed.). Springfield, Illinois: Charles C. Thomas.

Maultsby, Jr.,M. C.(1984). Rational behavior therapy. New York: Prentice-Hall.

Maultsby, Jr., M. C., Knipping P., & Carpenter, L. (1974). Teaching self-help in the classroom with rational self-counseling . New York: Institute for Rational Living.

Mcgovern, T. E., Silverman, M. S.(1984). A review of outcome studies of rational-emotive therapy from 1977 to 1982. Journal of Rational Emotive Therapy, 2(1), 7-18.

McMullin, R. E., & Casey, W. W.(1975). Talk sense to yourself. Lakewood, Colorado: Counseling Research Institute.

Meichenbaum, D.(1977). Cognitive-behavior modification. New York: Plenum.

Meyers, A. W., & Cohen, R.(1984). Cognitive-behavioral interventions in educational settings. In P. C. Kendall(Ed.), Advances in cognitive-behavioral research and therapy (Vol. 3)(pp. 131-166). New York: Academic Press.

Mischel, W.(1976). Introduction to personality (2nd ed.). New York: Holt, Rinehart and Winston.

Miller, N., & Kassinove, H.(1980). Effects of lecture, rehearsal, written homework, and IQ on the efficacy of a rational emotive school mental health program. Journal of Community Psychology, 6(4), 366-373. (From Psychological Abstracts, 1980, 63(4), Abstract No. 8481)

Patterson, C. H.(1980). Theories of counseling and psychotherapy (3rd ed.). New York: Harper & Row.

Phillips, E.(1973). Self-acceptance Scales. In J. P. Robinson & P. R. Shaver(Eds.), Measures of social psychological attitudes(rev. ed.)(pp. 107-112). Ann Arbor, Mich.: Institute for Social Research.

Plass, H. M.(1982). Relationship between specific irrational beliefs and hostility, anxiety, and depression in behaviorally disordered adolescents. Dissertation Abstracts International, 43(2), 531B-532B.

Pontius, J. F.(1982). An investigation of irrational beliefs and depression. Dissertation Abstracts

International, 43(6), 1999B.

Reed, R. C.(1983). Effects of cognitive presentations of rational emotive therapy components on performance anxiety and altruism. Dissertation Abstracts International, 44(2), 389A.

Reynolds, W. M.(1980). Self-esteem and classroom behavior in elementary school children. Psychology in the Schools, 17, 273-277.

Rimm, D. C., & Masters, J. C.(1979). Behavior therapy: Technique and empirical findings. New York: Academic Press.

Rose, N.(1983). Effects of rational emotive education and rational emotive education plus rational emotive imagery on the adjustment of disturbed and normal elementary school children. Dissertation Abstracts International, 44(3), 925B-926B.

Rosenberg, M.(1965). Society and the adolescent self-image. Princeton, N. J.: Princeton University Press.

Rosenberg, M.(1973). Self-esteem Scale. In J. P. Robinson & P. R. Shaver(Eds.), Measures of social psychological attitudes(rev. ed.)(pp. 81-83). Ann Arbor, Mich.: Institute for Social Research.

Roush, D. W.(1984). Rational-emotive therapy and youth: Some new techniques for counselors. The Personnel and Guidance Journal, 62(7), 414-417.

Russell, P. L., & Brandsma, J. M.(1974). A theoretical and empirical integration of the rational-emotive and classical conditioning theories. Journal of Consulting and Clinical Psychology, 42(3), 389-397.

Schacter, S. & Singer, J. E.(1962). Cognitive, social and physiological determinants of emotional state. Psychological review, 69, 379-399.

Schulman, J. L., Ford, R. C., & Busk, P.(1973). A classroom program to improve self-concept.

Psychology in the School, 10, 481-487.

Schwartz, G., Fair, P. L., Salt, P., Mandel, M., & Klerman, G. L.(1976). Facial muscle patterning to affective imagery in depressed and nondepressed subjects. In G. T. Wilson & K. D. O'Leary, Principles of behavior therapy (pp.253-254). Englewood , Cliffs: Prentice-Hall.

Sechrest, L.(1977). Personal construct theory. In R. J. Corsini(Ed.), Current personality theory (pp. 203-242). Illinois: Peacock.

Shoemaker, A. L.(1981). Determinants of self-esteem: Importance, satisfaction, and self-rating in significant areas. Dissertation Abstracts International, 41(11), 4461A.

Thurman, C. W.(1983). Effects of a rational-emotive treatment program on Type A behavior among college students. Journal of college student personnel, 24(5), 417-423.

Tiegerman, S., & Kassinove, H.(1977). Effects of assertive training and cognitive components of rational therapy on assertive behaviors and interpersonal anxiety. Psychological Reports, 40, 535-542.

Tosi, D. J. & Reardon, J.(1976). The treatment of guilt through rational stage directed therapy. Rational Living, 11(1), 8-11.

Trexler, L. D.(1977). A review of rational-emotive psychotherapy outcome stdies. In J. L. Wolfe & E. Brand(Eds.), Twenty years of rational therapy (pp. 252-287). New York: Institute for Rational Living.

Trexler, L. D., & Karst, T. O.(1972). Rational-emotive therapy, placebo, and no-treatment effects on public-speaking anxiety. Journal of Abnormal Psychology, 79(1), 60-67.

Von Pohl, R.(1983). A study to assess the effects of rational-emotive therapy with a selected group of

emotionally disturbed children in day and residen-
tial treatment. Dissertation Abstracts Interna-
tional, 43(9), 3117A.

Wakefield, S. G.(1983). Reducing stressful impact of
life events by modifying irrational beliefs.
Dissertation Abstracts International, 43(9), 3019B.

Wasserman, T. H., & Vogrin, D. J.(1979). Relationship
of endorsement of rational beliefs, age, months in
treatment, and intelligence to overt behavior of
emotionally disturbed children. Psychological
Reports, 44, 911-917.

Weinstein, G., & Fantini, M. D.(1970). Toward huma-
nistic education: A curriculum of affect. New York:
Praeger.

Wessler, R. L.(1976). On measuring rationality.
Rational Living, 11(1), 25.

Wilson, G. J., & O'leary, K. D.(1980). Principles of
behavior therapy. Englewood Cliffs: Prentice-Hall.

Woods, P. J.(1983). On the relative independence of
irrational beliefs. Rational Living, 18(1), 23-24.

Woods, P. J. (1984). Further indications on the validity
and usefulness of the Jones Irrational Beliefs
Test. Journal of Rational Emotive Therapy, 2(2),
3-6.

Young, H. S.(1974a). A framework for working with ado-
lescents. Rational Living, 9(1), 3-7.

Young, H. S.(1974b). A rational counseling primer. New
York: Institute for Rational Living.

Zwemer, W. A., & Deffenbacher, J. L.(1984). Irrational
beliefs, anger, and anxiety. Journal of Counseling
Psychology, 31(3), 391-393.

理性情緒教育課程

（教師手冊）

附錄一

理性情緒教育課程
（教師手冊）

前　言

　　本課程以「理性－情緒」教育爲課程內容，適用於國中二年級大班級之教學。課程內容包括七個主題，十個單元，每一單元所需時間爲五十分鐘。玆將課程綱目分述如下：

表一　理性——情緒教育課程　　總綱目

主　　　　　　題	單　　元　　名　　稱
一、認識情緒	第一單元：感覺、情緒知多少？
二、情緒 ABC 理論	第二單元：誰控制我們的情緒？ 第三單元：情緒 ABC
三、主觀與客觀	第四單元：主觀與客觀
四、認識理性和非理性想法	第五單元：非理性的世界 第六單元：挑戰的第一步：分辨理性和非理性想法
五、去除非理性想法	第七單元：挑戰的第二步：駁斥非理性想法
六、實際應用	第八單元：眞的是世界末日嗎？ 第九單元：向自卑感挑戰：缺陷也是一種美
七、總複習	第十單元：理情路上你和我

每一個單元皆包括下列幾個部分：

㈠單元目標：說明單元活動要旨。

㈡單元設計旨趣：指出單元設計的理論架構與目的。

㈢實施方法：簡單說明單元進行方式。

㈣實施要領：

　　1.準備工作：說明教學前應準備之事項。

　　2.進行程序及內容概要：大致上包括下列幾個項目：

　　　⑴「溫故知新」：簡單複習上次單元之內容，或針對作業中的問題加以解說、澄清。

　　　⑵課程講授：儘量採取生動、活潑的方式，「講授」與「活動」穿插進行，並多舉例說明，以配合學生實際生活經驗。

　　　⑶「今天我學到」：由學生統整當天所學到的內容或敍述其心得、感想，與全班同學分享之（此項目彈性實施）。

　　　⑷說明本單元家庭作業內容與作答方式。

　　　⑸「叮嚀與囑咐」：囑咐學生下次上課所需準備之事項或所需携帶之物品。

　　　⑹「下週預告」：預告下週將進行之主題，以引起學生學習之動機。

　　　⑺「※」:即注意事項，針對活動之進行方式，提出一些建議，使能充分有效的應用本課程。

㈤補充活動：列出本單元其他適用之活動，教師可視班級特性與需要，自行選擇運用。

㈥參考資料：列出編擬單元內容、手册時之參考資料，以供參考之用。並將十個單元所共同使用的參考資料，列於本課程之最後一頁。

　　為提高學生學習興趣與充實課程內容，筆者以漫畫方式編擬具有多重功能的理情教育手册（參見附錄二，**教師可配合課程之進行，靈活運用，以使課程內容能充分為學生所吸收。**）

第一單元

感覺、情緒知多少？

一、單元目標

㈠引起學習理情教育課程之動機。

㈡認識感覺、情緒與其發生的情境。

㈢了解對同一事件，每個人的感覺不同，表達方式也不同。

二、單元設計旨趣

㈠理情教育的基本要素即是──感覺（ feeling ），故本課程第一單元的重點即在了解什麼是「感覺」、「情緒」，使學生對於「感覺」與「情緒」有基本的認識。

㈡本單元分成二部分進行。前半部採問答、舉例講述的方式，使學生對於「感覺」、「情緒」有基本的認識；後半部則採情緒猜謎活動方式來闡明「對同一事件，每一個人的感覺不同，表達方式也不同。」

㈢本單元的第一部分，首先由學生激盪出其曾有過的感覺經驗，並採啟發式教學法，讓學生自行發現生理、心理感覺二者的關係與差別。再藉問答、舉例講述的方式，使學生了解情緒的意義、分類及其影響。

㈣本單元的第二部分，旨在探討「理情教育」的基本概念：「每個人的感覺不同，表達方式也不同。」，希望藉活潑的活動方式，使學生能有更深一層的體認。

三、實施方法

採腦力激盪、講述、「我演你猜」等方式進行。

四、實施要領

㈠準備工作

1. 準備絨布板及展示內容、理情手冊、情緒猜謎卡片、上課記錄本、學生名冊。

2. 課前發下第一單元手冊。

㈡進行程序及內容概要

1. 準備活動：⑴教師自我介紹。⑵說明課程目標、內容和進行方式。⑶教室常規的建立。⑷說明理情手冊的內容及使用方法。
※儘量扼要以把握時間。

2. 腦力激盪：請學生自由說出「曾有過的感覺經驗」，並寫在黑板上。
※將生理、心理感覺分開寫，方便解說。

3. 詢問學生，為何教師要分二列來寫？二者間有何差異？誘導學生注意此二種感覺的差異，並能區分之。

4. 教師說明「情緒」的意義，並請學生想想這些情緒是否會不請自來或是針對某事件所產生的反應結果？
※參見理情手冊（以下略稱「手冊」）第19頁。

5. 請學生區分黑板上所列的心理感覺，那些是令人愉快的？那些是不愉快的？以「＋」、「－」號區辨之。教師亦簡單說明情緒的分類。
※參見手冊第19頁。

6. 詢問學生當他們很快樂、生氣或悲傷時，是否會產生一些生理的感覺？使學生了解當我們發生情緒時，不僅外部有不同的表情，身體內部也有生理的變化。

7. 教師說明情緒對我們的影響，並強調適度情緒反應的重要。

　※(1)參見手冊第20頁。

　　(2)以上部分，教師只要給予學生基本觀念即可，不需花費過多的時間。

8.「經驗分享」：請學生以實際經驗說明引起其快樂、悲傷的情境，並將學生所舉之實例寫在黑板上。詢問學生：「剛才，令某人快樂的事是否也會令你快樂？令某人悲傷的事，你是否也會悲傷？每一個人對同一件事的感覺是否相同？每個人表達感覺、情緒的方式相不相同？表達的方式是否有﹃對﹄、﹃錯﹄之分？」

　※可將問題寫在黑板上或以絨布板展示之，使學生能更有效的思考問題。

9.「我演你猜」：

　(1)教師引起動機，請同學仔細體會此活動的意義，找尋剛才所問問題的答案，活動結束時，請同學說明活動後的心得。

　(2)教師說明規則並示範之。

　　①將全班分成六組，每組發下註明某種情緒或情境的卡片二張，每位同學獨自思考如何將卡片上的情緒或對情境的情緒以動作表達出來。

　　②每次請一組中的三位同學出來表演，依序表演完後，其他各組同學猜測其所表演的情緒為何，並討論由此活動中所得到的心得。

　(3)開始進行活動。

　　①每個同學獨自思考一分鐘，想想自己要如何表達；各組隨機抽出三位同學表演。

　　②每組三位同學出來表演；未表演者亦請其注意自己所想的表達方式，和表演者是否相同。

　　③請拿到「情境」卡片的組別大聲唸出情境內容，並表演出

對此情境所產生的情緒。表演後，將同學所猜的答案寫在黑板上，再將表演者宣布的答案列在旁邊，待「情境」組全部進行完後，討論活動心得。

④請拿到「情緒」卡片的組別表演，表演後，將同學所猜的答案寫在黑板上，再將表演者宣布的謎底列於旁邊，待「情緒」組全部表演完畢後進行討論。

※(1)此活動為本節之重點，尤其討論部分更為重要，故至少應留20分—25分進行。

(2)此活動「引起動機」部分很重要，可引起學生注意並產生正確心向，以探求問題之解答。

(3)卡片上的內容為：快樂、生氣、害怕、明天我將代表班上參加演講比賽、我聽媽媽說舅媽要來家裡吃飯、老師要發歷史成績了。

10. 教師以剛才學生表演情形為例說明之，並作結語，使學生了解：

(1)「表達」無所謂的「對」或「錯」。每一個人都有其表達的方式，有些人會很明顯的表達出他的感覺、情緒，但這並不表示他才是對的。

(2)每個人對同一件事，感覺不同，所引發的情緒也不同。例如：考的比別人差，有人會覺得自卑，有人則認為「一直自卑也沒用，倒不如把自卑的時間拿來唸書還划算些」。

(3)每個人表達情緒的方式不同。例如：當你在講笑話時，有人笑的前仆後倒，有人則輕淺一笑。或同樣是「生氣」，有人咬牙切齒、豎眉睜眼，有人則閉口不語、面無表情。

(4)口語的直接溝通會比表情、姿態的溝通來的好，較不會有「表錯情」、「會錯意」的現象產生，亦可減少一些不必要的誤會與困擾。

11.「今天我學到」：請幾位同學發表今天所學到的心得與感想，與大家分享之。

12. 說明本單元家庭作業：「情緒氣象台」、「補充閱讀讀後感」。

13. 「叮嚀與囑咐」：感覺、情緒是怎麼產生的呢？是誰控制我們的情緒？下次上課大家一起來探討。

五、補充活動

㈠「老師講古」──教師可依本單元之要旨編擬故事，作為引言，以引起學生學習動機；例如手冊第 9～15 頁「雄雄的寓言」。

㈡「我說我‧你聽我」──以接力方式簡單敘述「自己曾經歷過的感覺」或「引起某一情緒的情境、事件」，由學生回答的內容中闡明本單元要旨。

㈢「黑板活動」──各組同學討論「曾經歷過的感覺」與「引起某一情緒的情境」，並在限定時間內輪流到黑板上寫（字體不得太草），看那組內容又多又好，並以黑板的內容闡明本單元要旨。

㈣「酸、甜、苦、辣道情緒」──以「情緒對我們的影響」為題，各組探討情緒帶給我們的各種影響，並以歷史上的故事或日常生活上的實例說明之。

㈤「情緒接龍」──以「情緒」為「龍頭」，讓學生自由聯想在「龍頭」後接一些句子，由學生的各種反應中來探討有關情緒的有關主題。例如：「情緒就是常讓我們眼睛淹水的傢伙」。

㈥「情緒猜謎」──以喜、怒、哀、樂等各種情緒或有關的情緒成語為內容，擬好題目，各組派代表表演給該組其他成員猜，猜中後必須說明此一情緒對我們的影響或引起此一情緒的情境，方可得分。

㈦「腦力激盪」──給予學生一些能引起各種不同情緒的中性情境，並請學生自由說出對這些情境所產生的情緒；教師由各種不同的反應中，歸納說明「每個人對同一事件會有不同的情緒反應」。再給學生一些「情緒」的詞句，分別請一些學生以動作表達之，由此說明「每個人表達方式不同」之要旨。

(八)「對對佳偶」——給各小組一套寫上各種情緒的卡片，請其針對同一事件（儘量為中性感覺的事件），由卡片中選出一個全體組員可能會有的情緒，各組同時呈現答案，看各組是否相同，並將異同狀況記在黑板；再由個別的同學進行之，看每個人的選配結果是否相同。由此活動中探討「表達方式無對錯之分，每個人感覺、表達皆異。」

六、參考資料

1. 共同參考資料。

2. 國立編譯館主編（民71）：國民中學指導活動學生手冊（二年級下學期用）。台北市，國立編譯館。

3. 國立編譯館主編（民71）：國民中學指導活動教師手冊（二年級下學期用）。台北市，國立編譯館。

4. 黃惠惠編著（民72）：助人歷程與技巧。台北市，張老師出版社。

5. 鄭玉英（民72）：給情緒留一個空間。載於國立台灣師範大學學生輔導中心主編：大學生的自我追尋。台北市，國立台灣師範大學學生輔導中心，11 — 12 頁。

第二單元

誰控制我們的情緒？

一、單元目標

㈠了解我們的想法決定我們的情緒反應。

㈡了解同一事件，會有許多不同的想法，而不同的想法會引起不同的情緒反應。

㈢能區辨事件(A)、想法(B)、情緒(C)。

二、單元設計旨趣

㈠情緒ＡＢＣ理論乃為理情教育的中心要旨，亦為此課程之基礎教育。強調情緒乃為某一想法的結果；引起我們情緒的，不是事情的本身，而是我們對它的看法。此一重要主題分兩單元實施：第二單元與第三單元；前者著重觀念的培養、知性的探討，後者則藉著活動更深入的體驗情緒ＡＢＣ理論之內涵。

㈡本單元分二部分進行。前半部探「聽故事・說情緒」的活動方式，使學生由實際的體驗中洞察「對同一事件，不同的想法會引出不同的情緒」的事實，再以「開拓鞋業」的例子進一步闡明之，並藉此實例引出後半部探討之主題。由教師舉出一事件，讓小組討論其各種可能的想法與情緒，由此闡述「同一事件會有不同的想法，我們可由各種不同的角度來看事情」的真義，使學生的想法能多元化、彈性化。最後再以實例練習的方式，使學生能區辨事件、想法、情緒的不同。

三、實施方法

採「看圖說情緒」、「動動腦」、小組討論、區分練習等方式進行。

四、實施要領

㈠準備工作

1. 準備絨布板及展示內容、理情手冊、上課記錄本。

2. 課前發下第二單元手冊。

㈡進行程序及內容概要

1.「溫故知新」：複習上次單元內容。

2. 引起動機：預告下次上課活動方式，要學生將今天所學以演劇方式呈現，盼能認真聽講以充實演劇內容。

3.「聽故事‧說情緒」：

(1)教師舉出一例：「假若你雙手拿著上課要交的紙模型經過公園時，看到椅子旁有50元，便將模型放椅子上去撿錢，未料，一人走過來坐在放模型的椅子上，把模型坐壞了，此時，你的情緒怎樣？把它寫下來，這時你是怎麼想的，也把你的想法寫下來。」

(2)「後來，你發現這人是個瞎子，他看不見你的模型，此時你的情緒如何？你的想法又是如何，亦把它寫下來。」

※寫在手冊第33～34頁。

(3)請一些學生唸出自己先後的二個情緒反應，並寫在黑板上。

(4)請其他同學補充不同的情緒反應。

(5)腦力激盪：「為何對同一件事情，每個人的感覺、情緒不同？當故事有新發展時，為何同一個人對同一件事的情緒反應也不同？」，並將答案寫在黑板上。

(6)教師請剛才說出自己情緒的同學，說明他當時的想法。並請

有相同情緒，但想法不同的同學補充其想法。

※可將「想法」用不同色的粉筆寫在「情緒」之旁以便比較。

(7)教師以學生的反應內容爲例，闡明「想法決定情緒反應」的事實。教師說明：「同一事件，每個人的情緒反應各不相同，乃因其想法不同；不同的想法引出不同的情緒反應。」，「就同一個人而言，新想法的產生，使得我們對此事件重新解釋而產生不同的情緒。即使是同一個人對同一事件，只要其想法改變，其情緒反應亦會跟著改變。」

4.「動動腦」：

(1)教師舉一例：有一位經營皮鞋店生意的大老闆，他想把公司的業務拓展到非洲，因此請了二位年輕人小張和小李到非洲做實際的市場調查，看看適不適合將業務拓展至非洲。不久，小張哭喪著臉回來向老闆報告：「完了！這生意做不成的。」，而小李却興高采烈的向老闆說：「太好了，這是一個大市場哦！」

(2)詢問學生，爲何此二人去同一地方，却有不同的情緒反應。

(3)教師說明：因爲二人對此事件的想法不同，所以情緒反應也不同；情緒是由想法產生的。

(4)再請各位同學想想，他們二人是怎麼想的，才會產生如此不同的情緒？將學生的反應寫在黑板上。

(5)教師歸納說明：他們二人因爲有不同的想法，所以產生的情緒反應也不同。小張認爲非洲根本沒人穿鞋，鞋子拿去後要賣誰呢？但是小李却認爲非洲沒有人有鞋，所以是個大市場。由上可知，想法不同，所引起的情緒也不同；情緒是由想法所產生的，你怎麼想就怎麼感覺。

(6)詢問學生，在「開拓鞋業」的例子中，除了沮喪、高興外，是否還有其他的情緒反應？其他的想法？例如：非洲人挺固

執的，要如何勸導才能使他們穿鞋（憂慮）；爲什麼非洲人不穿鞋呢？（疑惑）

(7)教師說明每一件事可有各種不同的看法，我們可由不同的角度來看同一件事情。

5. 小組討論：

(1)各組以「舉手發言，老師只叫別人，不叫我」爲例，討論其各種可能的情緒與想法，看那組最能由各個不同角度觀看事情。

(2)各組討論後，自由發表其討論的結果。

　※將討論結果寫在手册第37頁上，便於報告。

(3)教師再以絨布板呈現其他各種不同的想法和情緒，並詢問學生，別人想到的想法，自己是否也曾想到。

　※呈現「想法」後，可詢問學生其可能引出的情緒是正向或負向，使進一步了解二者之關係。

(4)教師以上例說明：同一件事可有各種不同的想法，有些想法可使我們產生愉快的情緒，有些想法則會使我們不愉快，所以，當我們常煩惱、憂愁時，應分析此時的想法是什麼，或許換個角度來看事情，就會豁然開朗。使學生了解凡事都可由不同的角度來看，不要只局限在某種想法上，要使想法多元化、彈性化，才不會爲某一情緒所苦。

6. 區分練習：

(1)教師說明在本課程「A」（事件）、「B」（想法）、「C」（情緒）所代表的意義。

(2)舉出實例，練習區辨之，例如：①數學考70分，覺得比上回
　　　　　　　　　　　　　　　　　　　　A　　　　　　　B
進步，心中很高興。②我覺得每一個人都不喜歡我，我難過
　C　　　　　　　　　　　　　B　　　　　　　　　　　C
的想哭。③我真是笨死了。
　　　　　　B

　　※可利用絨布板展示，以爭取時效。

7.「今天我學到」——請幾位同學發表今天所學到的心得與感想，與大家分享之。

8. 說明本單元家庭作業——「每天作業多」此一事件的各種想法與情緒、「瞭望台」、「補充閱讀讀後感」。

　　※參見手冊第38頁、42頁、45～47頁。

9.「叮嚀與囑咐」——

　　(1)說明下週「ＡＢＣ劇場」之規則。請各組就某一事件，演出各種不同的想法、情緒和其導致的行為後果。詳細規則，參見手冊第42頁，並可將討論結果記錄在43頁。

　　(2)繳交上次家庭作業。

10.「下週預告」——下週將以演劇方式更進一步了解「事件」、「想法」、「情緒」三者間的關係和「快樂自己找」的真諦。

五、補充活動

㈠「解說實例」——教師以學生周遭常發生的事情為例，請學生激盪其各種不同的想法與情緒，以闡述「ＡＢＣ」理論之有關要旨。例如：「被老師、父母責罵」、「同學說背後話」、「考試考壞了」、「被叫綽號」、「要在全班面前講話」、「交通阻塞上學遲到」、「被叫起來不會回答」、「公車過站不停」……等，儘量與其日常生活經驗相配合。

㈡「事件面面觀」——舉出一事件，各組討論其可能的各種想法與情緒（正、負情緒各半），並以接力方式輪流說出，由發表的內容中，探討「ＡＢＣ」理論之要旨。

㈢「新聞評論」——教師唸一則新聞，全班針對此則新聞發表自己的想法與感覺，由此來探討、體會本單元之要旨。

㈣「不一樣就是不一樣」——此一活動適合下週進行，但可先在此週宣布，當成習題，事先準備。

(1)把最近一週「快樂」、「悲傷」時所發生的事件和想法寫出，如下列之格式：

　　　　　覺得快樂　　　　　　　　覺得悲傷

　日期　事件　想法　　　　　　日期　事件　想法

(2)「快樂」：可以是喜悅、興奮、雀悅……等不同的正向情緒。

　　「悲傷」：可以是悲慘、痛苦、沮喪、不快樂、無聊……等不同的負向情緒。

(3)一週後，和全班分享、比較之。

(4)問自己下列這些問題：

　快樂的例子方面——

　①在我這種情形下，別人也會覺得高興、快樂嗎？

　②在這種經驗下，可不可能感到不快樂？怎麼做？

　③我要告訴自己什麼話，才會覺得快樂？

　④我要告訴自己什麼話，才會覺得悲傷？

　悲傷例子方面——

　①令別人難過、悲傷的情境，是否也會使我有同樣的感覺？

　②可不可能，在這些情境下而不感到悲傷？如何做？

　③我要告訴自己什麼，才會感到難過呢？

　④我要告訴自己什麼，才會感到快樂呢？

　　※教師可舉例說明之。

㈤「畫中話」——請學生針對一幅抽象畫，寫下他們對此畫的看法與感覺，自由發表之，發表時，並以一動作來表達其內心的感覺，由各種不同的反應中，使學生了解到對同一事件，每一個人看法不同、感覺不同，而且表達方式亦異（亦可用錄音的方式錄下每個人的看法，再加以比較其異同）。

六、參考資料

1. 共同參考資料。

2. 吳麗娟（民74）：從「人人都是自己最好的醫生」說起——談心理與健康。測驗與輔導，第68期，1232－1235頁。

3. 松山高商（民73）：如何建立積極樂觀的人生態度。載於台北市公私立國民中學輔導工作資料編輯研究組編著：心理衛生。台北市政府教育局，179 － 181頁。

4. 張老師月刊社編著（民73）：六帖快樂良方。台北市：張老師出版社。

第三單元

情緒ＡＢＣ

一、單元目標

㈠更深入的體會事件(A)、想法(B)、情緒(C)三者間的關係。

㈡了解「內在自我語言」的意義與影響及「自己是自己主人」的眞義。

㈢了解「麻煩是自找」、「快樂自己找」的眞諦,並了解我們可藉著改變想法來改變情緒。

二、單元設計旨趣

㈠本單元乃以活動方式繼續探討「情緒ＡＢＣ理論」之內涵。

㈡本單元首先以某一事件的各種想法、情緒及行爲後果爲例,複習前一單元內容並引出本單元之主題,介紹內在自我語言的意義與影響。再以演劇的方式,實際體會「事件」、「想法」、「情緒」三者間的關係,並藉著表演後的討論使學生了解「麻煩是自找」、「自己是自己主人」及「快樂自己找」的眞諦。

三、實施方法

採實例解說、演劇、討論等方式進行。

四、實施要領

㈠準備工作

1.準備理情手冊、上課記錄本。

2. 課前發下第三單元手冊。

㈡進行程序及內容概要

1. 前言：鼓勵認真填寫作業的個人與組別。

2.「溫故知新」：以「數學考60分」此一事件的各種想法、情緒為例，複習上次單元內容：⑴想法決定我們的情緒。⑵同一事件可有各種不同的想法，而不同的想法引起不同的情緒。⑶我們可由不同的角度來看一件事情。

　　※參見手冊第53頁。

3.「實例解說」：以上例繼續說明本單元之主題：

⑴我們常對自己說一些話，這些話就是我們的「內在自我語言」，也就是我們的想法。

⑵我們怎麼想，就怎麼感覺；怎麼感覺，就怎麼去做。所以，我們的想法、情緒會對行為產生影響，導致自我有益或自我貶損的行為。

⑶我們可藉著改變我們的想法來改變我們的情緒。

　　※參見手冊第50～57　頁。

4.「ＡＢＣ劇場」：各組就周遭常發生的事情一件，以正反方式演出其各種不同的想法、情緒和其導致的行為結果，並以旁白輔助說明。換言之，先演出負向的想法、情緒和自我貶損的行為，再演出相對的正向的想法、情緒和自我助益的行為，闡明「換個想法，快樂自然來」之真義。

⑴「最後衝刺」：教師引起動機，說明演劇規則，並給予各組三分鐘做最後的準備。

⑵各組表演：

　　※可先請團隊精神最佳、表現優異的組別上場，以激勵其他組別。

⑶每表演完一組，即進行討論，其他組補充意見。

⑷教師補充、歸納說明之。教師可視適當時機，配合學生表演

內容說明本單元目標內容：

①當我們說「我被他氣死了」，事實上，不是被他氣死了，而是被「我們對他的作為的想法，對這事情的解釋」氣死的，若我們不這麼想，不就沒事了？所以說，讓我們生氣的是我們對事情的解釋、看法，而不是事情的本身，若我們常生氣、沮喪，這「麻煩」可就是自找的。

②影響我們情緒的，不是事情的本身，而是我們對它的看法，故我們可藉著改變自己的想法來改變情緒。決定我們情緒的是我們自己，而不是別人。當我們沮喪、悲傷時，換個想法，快樂自然來；一個人快樂與否，完全掌握在自己手中。

5. 教師歸納「情緒ＡＢＣ」之要旨。

6. 「今天我學到」——請幾位同學發表今天所學到的心得與感想，與大家分享之。

7. 說明本單元家庭作業：「綜合練習：寫出事件的想法或情緒」、「經驗談：寫出情緒對自己的具體影響」、「瞭望台：寫出近日二件事情和當時的想法、情緒及所採取的行動」、「迴響：對手冊的意見」。

※參見手冊第62頁、65頁、67頁。

8. 「叮嚀與囑咐」——繳交上次家庭作業。

9. 「下週預告」——「很討厭」是「事實」，還是「意見」？是「主觀」還是「客觀」？下週一起探尋「客觀的世界」。

五、補充活動

㈠「不一樣就是不一樣」（見第二單元補充活動四）。

㈡「ＡＢＣ世界」——「ＡＢＣ劇場」的內容以其他方式表現：討論、雙簧、數來寶、歌曲創作……等。

六、參考資料

　△共同參考資料。

第四單元

主觀與客觀

一、單元目標

(一)了解「事實」與「意見」的意義並能區辨之。

(二)了解「主觀」與「客觀」的意義和太過主觀的弊端。

(三)了解如何將主觀意見「客觀化」。

(四)增進學生意識到自己「主觀性」的敏感度。

二、單元設計旨趣

(一)理情教育的主要目標之一,即是建立合理、理性的想法,而此乃以客觀事實為基礎,故要培養理性的觀念,就必須先了解「事實」、「意見」及「主、客觀」的內涵。人們對事情的看法,常常不能清晰、客觀的呈現事實,往往加上許多主觀的意見,歪曲了事實,而引起不少的困擾,故「事實、意見」、「主、客觀」之別不可不察,亦唯有常持客觀的態度,清晰的呈現事實,才不致庸人自擾,自尋煩惱。

(二)本單元共分成三部分進行。首先以實例解說「事實、意見」、「主、客觀」的意義,再以具體實例說明並練習如何將主觀陳述「客觀化」,最後則以搶答的活動方式,使學生有更深入的了解與體會。

(三)具體言之,第一部分乃為知性的探討,先舉例說明「事實」、「意見」的意義,並做區辨練習,使能分辨之。再藉著日常生活的情形和活動「我在推論嗎?」來說明我們經常不自覺的做了許多的推論或

判斷，若意見偏離事實或太過主觀，則往往帶來許多困擾。教師再以實例說明「主、客觀」之意，並以小組討論方式探討太過主觀的弊端，使學生有更深入的了解。第二部分旨在使學生了解如何將主觀的意見「客觀化」，培養其客觀的態度，以減少困擾的產生。首先由教師舉實例說明，再做練習，使能熟練內化。第三部分旨在以活動方式，使學生能在高昂的興趣下，應用所學，而達到最大的學習效果。

三、實施方法

採實例說明、「區辨練習」、「我在推論嗎？」、講述、搶答等方式進行。

四、實施要領

(一)準備工作

1. 準備絨布板及展示內容、搶答題目、理情手冊、上課記錄本。
2. 課前發下第四單元手冊。

(二)進行程序及內容概要。

1. 「溫故知新」：複習上次單元內容。
2. 教師舉實例說明「事實」、「意見」的意義，並做練習。使學生了解「事實」是可驗證、可觀察的陳述，例如：這杯水12公分高：「意見」是某人對某事或對某人的看法、推論，例如：這杯水是髒的。並舉出一些實例，讓學生練習，以增進了解。

   ※(1)以絨布板呈現講解內容，便於解說。

   (2)練習題請參見手冊第70頁。

3. 以日常生活的談話內容為例，說明我們經常在給意見、做推論，讓學生計算自己一天說了多少個「意見」，使其了解到我們常不自覺的在述說許多意見，例如：這老師"好兇"，這堂課"好難學"、"我怎麼這麼笨"、"好討厭"數學、每天考試

"煩死了"……等。

4. 進行「我在推論嗎？」活動。先由學生閱讀一篇短文後，再回答短文後的題目，回答後並作檢討，使其了解我們常在不知不覺中做了許多推論，若不客觀，則易引起紛爭、困擾。

　　※參見手冊第71頁。

5. 教師以實例說明主、客觀之意，使學生了解「主觀」是單從個人觀點或某一立場來觀看事物、評論事物。「客觀」是能從每一個角度或各種不同的觀點、立場來觀看事物，能擺脫先入為主的觀念，去除心中的情感、慾望來評論事物的態度。

6. 小組討論「太過主觀的弊端」，並舉例說明討論內容。使學生了解過於主觀的意見，常引起紛爭、困擾，而且多是片面的、偏失的。所以，要儘量使自己的意見「客觀化」，能像鏡子般地呈現原來的真實情形而不偏頗。

　　※參見手冊第73～75頁。

7. 教師舉例說明如何將主觀意見「客觀化」。

　　※參見手冊第75～78頁。

　(1)詢問學生「學校是有趣的？」，此一陳述，是否每個人都同意？在什麼情形下會同意此一說法？

　(2)歸納同學的回答都是「有條件」的回答，都是「視什麼而定」或在「某種條件」、「某種情形」下，才會覺得學校有趣，例如：下課時、吃便當時、上體育課時……學校是有趣的等。

　(3)教師說明我們認為是事實的，不一定永遠是事實，常會隨外在環境、外在條件而改變，在「某些條件」下才是事實，事情沒有「一定」會怎樣的，例如：「現在三點鐘」不一定永遠是事實，要加上某些條件「在台灣現在是三點鐘。」。所以，說話時儘量少用「絕對」的陳述，可加上一些「條件」，才較客觀。

(4)教師說明除了「少用絕對的陳述」外，客觀化的第二個原則
即是「不要以偏概全，儘量用一些具體的行為來敍述」較為
客觀。例如：「林小華是好人」改為「林小華教我數學，他
很好」，「我很笨」改為「我英文考25分」。我們不會因做
了某事就成為某種人，不會因為撿了紙屑就是「好人」，考
試考壞了就變成「壞學生」；一個行為就是一個行為，不要
以一個行為來全面判斷一個人，如此，易「以偏概全」，所
以我們說話時，應儘量以具體事項來敍述較客觀。

8.「應用練習」：教師舉出一些主觀的意見，大家一起練習如何「
客觀化」。例如：「每一個人都不喜歡我」、「我好笨，什麼都
不會」等。

9. 搶答：題目內容為「事實」或「主觀意見」，答題時先區分題目
是事實或意見，若為意見即需「客觀化」方能得分。首先由全班
一起搶答，教師可針對錯誤答案解說之，再由各組輪流回答，若
三秒內答不出，則其他組搶答，最後，再由全班一起搶答。

※一般而言，全班搶答常太過激烈，故可以輪答緩和之，並使各
組均能參與。為增加學習效果，各組輪答時，可指名學生回答
，其他組員可協助他回答。

10.教師歸納之。並鼓勵學生注意自己說話客觀與否，將所學應用於
日常生活之中。

11.「今天我學到」：請幾位同學發表今天所學到的心得與感想，與
大家分享之。

12.說明本單元家庭作業：「顯微鏡的世界：寫出三件沮喪、傷心的
事件及對它的意見、想法。」

※參見手冊81頁。

13.「叮嚀與囑咐」：下次上課帶第一單元手冊；繳交上次家庭作業
。

14.「下週預告」：有一些不合理的主觀意見、想法，常引起我們的

困擾，是那些想法呢？下週一起探尋「非理性的世界」，即可得知。

五、補充活動

㈠搶答的題目，例如：「事實」——我這一題數學不會做、這一課我學了三天才學會、王小呆打我、我身高 152 公分……等。「意見」——數學我都不會、我什麼都不會、每個人都說我矮、他是壞學生……等。

㈡「黑白集」——

(1) 以短劇、旁白方式，探討主觀意見如何客觀化。

(2) 短劇可選易引起困擾的事件，先演出其各種的「主觀意見」，再呈現「客觀事實」。

例如：老師發考卷，小明數學考35分，他大聲對自己說：「我怎麼這麼笨」，旁白：「停！說話儘量具體化，用具體的行為來陳述，勿以偏概全，一個行為不能代表他整個人的價值」（旁白完畢，退回重演客觀事實）。老師發考卷，小明數學考35分，他對自己說：「這次數學考35分，考的不好，一次考不好不代表我笨（不能以一次的行為來評斷我的價值）。」

㈢「誰是幸運兒」——寫一些事實與意見於卡片上，放於一袋子內，邊唱歌邊傳袋子，教師喊「停」時，袋子在誰手中，誰就抽出卡片分辨是事實或意見，若為意見則「客觀化」之。

㈣「禮尚往來」——以「考試」、「學校」、「作業」等為題，各組出題給其他組猜，內容為與主題有關的「事實」與「意見」，某一成員唸題目，同組其他成員皆為裁判，共同裁決其他組別答對與否，增進學生對「事實」與「意見」的了解。

※學生均已十分了解本單元內容時，方可進行此一活動，否則應由老師出題或由老師當裁判較適宜。

㈤「我能區分嗎？」——

⑴教師以學生日常生活中常發生之事件，編擬一短文，唸給全班同學聽。

⑵學生以三種不同的開頭語記錄：「現在我聽到（看到）……」（事實）、「現在我認爲……」（意見）、「現在我感到……」（感覺，著重於自己看到對方的動作或聽到這些內容的感覺）。由教師示範後再開始進行活動。

⑶分享內容，看是否能很清楚的區分這三者。

㈥「客觀的世界」——請學生一起看一電視節目、影片或文章、新聞，然後再一起討論其中所包含的事實與意見，使更深入的了解主、客觀之別。例如：這影片男主角爲林小華（事實），這影片很好看（意見）。

㈦「你上當了」——全班同學坐好，六、七位同學站在前面輪流造句，如果說的是事實，所有同學要站起來，如果是意見，則須腳踏地三下（或拍手三下），若做錯了則被淘汰，最先被淘汰的六、七位同學則變成新的造句者。

㈧「筆下功夫」——請學生剪下報紙上新聞一則，用藍筆畫出事實部分，用紅筆畫出意見部分，再與同學分享，互相糾正之。

㈨「謠言接力」——教師予各組代表一張寫了一句話或一段話的卡片，然後以耳語方式傳給旁邊的同學，依次傳下去，傳到最後一位時寫下他所聽到的，再與原卡片相核對，看結果如何。使學生了解到我們常不知不覺中的加入了自己的主觀解釋，使得我們幾乎不太可能完全無誤的傳遞或接收某些訊息，有時因而產生不必要之誤解與困擾，因此，要常練習「客觀化」以減少主觀偏見的成份。

㈩「圖案接力」——傳下一張圖片，由第一位同學注視圖片五秒，憑記憶畫出，將自己這張交給下一位看五秒再收起來，由下一位憑記憶再畫，全部輪完後，可比較最後一張與原稿。使學生了解，就像語言的溝通一樣，視覺的溝通也是有選擇性的，由於對於某些特質特別注意，而扭曲了整體的視覺知覺，因而造成和語言

溝通的結果一樣，故「主觀」因素經常在不自覺中發生作用，不可不察。圖案例如：

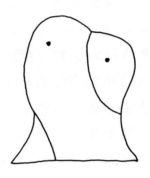

六、參考資料

1. 共同參考資料。
2. 吳金水（民73）：溝通的心理障礙。國教之友，第36卷第 8 號，25～27 頁。
3. 林幸台、宋湘玲（民67）：人際溝通活動。台中市，陸言出版社。

第五單元

非理性的世界

一、單元目標

(一)介紹理情教育課程的中心要旨。

(二)了解日常生活中常有的一些非理性想法。

(三)了解非理性觀念的關鍵字。

(四)培養學生利用關鍵字偵查自己非理性想法的觀念。

二、單元設計旨趣

(一)要去除非理性想法時,首先要認識那些想法是非理性的。本單元旨在介紹日常生活中常有的一些非理性想法,為「駁斥非理性想法」的準備工作。也希望學生了解後,能避免產生這些非理性的觀念,進而建立合理的想法。

(二)本單元分為三部分進行。首先藉著分享各種不同的解決情緒困擾之道,使學生了解理情教育是一種「自助」式解決困擾的好方法;其次,再由教師以舉例講述的方式說明非理性想法的種類與內容及有關的關鍵字,使學生對於非理性想法有基本的認識,並藉此機會分析自己是否有這些非理性觀念;最後,則以教唱理情之歌作結束。

三、實施方法

採搶答、講述、歌唱等方式進行。

四、實施要領

（一）準備工作

　　1.準備搶答題目、本單元手冊、第一單元手冊及「情緒困擾再見
　　　——祖傳秘方大公開」的歸納結果、上課記錄本。

　　2.課前發下第五單元之手冊。

（二）進行程序及內容概要

　　1.「溫故知新」：先簡要複習上次單元之內容要旨，再以搶答方
　　　式複習之。

　　2.「解決情緒困擾之道」：教師歸納整理第一單元手冊中學生填
　　　寫的「情緒困擾再見——祖傳秘方大公開」的各種解決困擾的
　　　方法，並與同學分享之。說明理情教育即是一種藉著改變想
　　　法解決情緒困擾的自助式輔導方式；所謂「靠山山會倒，靠水水
　　　會乾，唯有靠自己是最可靠的」，快樂與否完全掌握在自己手
　　　中的。

　　3.「ＡＢＣＤＥ」：介紹理情教育的中心要旨，使學生了解到想
　　　法決定我們的情緒，若想法不合理則易引起負向情緒，造成困
　　　擾，故須去除這非理性的想法，並以合理、理性的想法代替之
　　　。

　　　※參見手冊第85～87頁。

　　4.引起動機——使學生了解，要去除非理性想法之前，須先認識
　　　那些想法是非理性的，在日常生活中亦可注意自己是否有這些
　　　不合理的想法。

　　5.「非理性的世界」：

　　　(1)教師舉例解說「理性」與「非理性」的意義。「理性想法」
　　　　即是符合現實、客觀、合理、合邏輯的想法，「非理性想法
　　　　」則是不合理、缺乏清楚思考，易引起負向情緒的荒謬想法
　　　　。

※參見手冊第89頁。

(2)以手冊補充閱讀的文章「別生氣、別擔心」為藍本，介紹前四個較常引起我們困擾的非理性想法，並使學生了解非理性想法與情緒困擾的關係：

①「我應該得到每個人的喜愛與讚美」：「他好像不喜歡我了，都不理我」、「他們去玩都不找我，我的人緣怎麼這麼差」。一個人希望自己廣受歡迎是很自然的現象，但如果想要得到「每個人」的喜愛，則會隨時隨地都在耽心別人對自己的看法，一旦別人表示不喜歡、不贊同自己時，就不快樂，只有在別人讚美時才感到快樂；如此一來，大部分的時間都會花在如何討人喜歡上，即使得到後，還會擔心這喜愛的程度有多少？能維持多久？生活會一直處在戒備、提心吊膽的情況下，將自己的情緒操在別人手上，這是多麼可悲的現象！

②「我必須很能幹、完美、而且在各方面都很有成就才行」：「怎麼這次又考輸吳小娟，好生氣喔！」、「學科每一科都考的不錯，怎麼體育這麼差，真笨死了！」。一個人希望自己有能力，每方面都能表現的很好，並且努力去充實自己，這是合理的，但是若要要求自己非成功不可，一定要贏過別人，或要求自己必須具備各種能力，樣樣精通，這就不合理了。往往，要求自己能力十足，在各方面都要表現很好的人，會隨時想要勝過別人，隨時想和別人比較，若贏別人則愉快，若輸了，則不快樂。而且也常擔心自己是否能勝過他人，即使這次勝過別人，也會擔心下一次是否還能再勝過，其快樂與否完全建立在外界事物的成敗上，被外界事物控制自己的喜、怒、哀、樂，甚是可悲。

③「有些人是壞的、卑劣的，作了一些錯誤的、邪惡的事，

應該受到嚴厲的批評與懲罰」：「他打架、翹課是壞學生」、「我偷過東西是壞人」。做錯事的確是不太好，但是若他人（或自己）做了不對的行為，就認為是完全沒有價值的人，應受到嚴厲責罰，這就不太合理。人難免犯錯，我們若只是一味的責備或懲罰，不但不能改善他的行為，反而會使他變得更壞，但此並不表示要縱容做錯或做惡的人，而是要了解一個人做了一件錯事，並不等於他就是一個壞人。

④「事情都應該是自己所喜歡或期待的樣子，假如發生的事不是自己所期待或自己所喜歡的，就很糟」：「老師怎麼出這麼多作業」、「弟弟怎麼把我桌子弄亂」，只要事情不順心，就覺得很糟，這種人容易受挫、生氣。人們都不喜歡不理想的情況，但若碰到不喜歡、不如意的事，就解釋為「糟糕」、「可怕」那就不合理了。

※參見手冊第 101 ～ 105 頁。

(3)教師將常有的非理性想法歸納為二種類型的非理性想法：「誇大」與「不切實際的要求」，並簡單說明其弊端。

(4)教師舉例說明常與非理性想法相聯結的關鍵字，作為尋找非理性想法的線索。「誇大」非理性想法的關鍵字為「受不了、糟透了、以偏概全」，「不切實際的要求」的關鍵字為「應該、必須、一定」。並使其了解並非這些字眼出現即是非理性想法，例如：「鬧鐘按下鈕後，"應該"就不會響了」為合理的想法。

※參見手冊第90～95頁（簡單舉例介紹即可）。

(5)鼓勵學生偵查自己想法，看是否有那些是不合理的。

6.「理情之歌」：教唱「Can you tell me」一首。

(1)請同學唸歌詞、解釋生字。

(2)講解歌詞大意。

(3) 教唱；分二組對唱。

(4)告之下次「理情之歌對抗賽」之規則，使其有心理準備，並可預作準備。對抗賽乃仿「蘿蔔蹲」方式，各組互攻，看那組最快被淘汰。

※ 參見手冊第一單元第 6 頁。

7. 「今天我學到」：請幾位同學發表今天所學到的心得與感想，與大家分享之。

8. 說明本單元家庭作業：「我的非理性世界：以一些關鍵字完成句子，敍述自己的非理性想法」、「補充閱讀讀後感」。

※ 參見手冊第99頁、 100 ～ 105 頁。

9. 「叮嚀與囑咐」：(1)帶第一單元手冊。(2)繳交上次家庭作業。

10. 「下週預告」：了解什麼是「非理性想法」後，下週即開始挑戰的第一步：分辨理性、非理性的想法。

五、補充活動

㈠「文章選粹」——可選取或改寫適當的文章，作為補充閱讀之用。

㈡「小組接力」——各組討論日常生活中常有的非理性想法，或用關鍵字造句，以接力方式各組輪流說出。

㈢「黑暗世界」——各組輪流編撰一個故事，將許多非理性想法放入，並說明這些想法對我們有什麼害處。

六、參考資料

1. 共同參考資料。

2. 誠正國中（民73）：別生氣、別擔心。載於台北市公私立國民中學輔導工作資料編輯研究組編著：心理衞生。台北市政府教育局，57～61頁。

第六單元

挑戰的第一步——
分辨理性或非理性想法

一、單元目標

㈠了解理性和非理性想法的相異處，並能區辨之。

㈡了解非理性想法不合理的理由。

二、單元設計旨趣

㈠向非理性想法挑戰的第一步，即是要能分辨理性或非理性想法，
如此才能挑出非理性想法予以駁斥。本單元旨在讓學生了解如何
分辨理性、非理性想法，並明白非理性想法不合理的理由。

㈡本單元分三部分進行。第一部分藉著「理情歌曲對抗賽」，提高
學生學習的動機與興趣；第二部分則由教師舉例說明分辨非理性
想法的原則，並參考手冊內容解說非理性想法不合理的理由，最
後做練習題，以確認自己是否已會分辨；第三部分進行「不進則退
」的活動，旨在藉著活潑的方式，增進學習興趣並能應用所學，
使學生能正確的區辨理性與非理性想法。

三、實施方法

採「歌曲對抗賽」、舉例講述、「區辨練習」、「不進則退」等
活動方式進行。

四、實施要領

㈠準備工作

1. 準備第一單元手冊、本單元手冊、「不進則退」活動題目、上課記錄本。

2. 課前發下第六單元手冊。

㈡進行程序及內容概要

1. 前言：鼓勵認眞填寫作業的個人與組別。

2. 「溫故知新」：複習上次單元內容。

3. 「理情歌曲對抗賽」：採「蘿蔔蹲」的活動方式進行。首先由一組唱理情之歌，指出所要進攻的組別，被攻組別需立即站起來接唱，接唱後再攻另一組。唱出所要攻之組別時，全組需一致指向某組且被攻組別接唱動作要快，否則均被淘汰，最後未被淘汰者獲勝（歌曲參見手冊第 6 ～ 8 頁）。

4. 大致說明「不進則退」活動規則，使其了解要能分辨理性、非理性想法，才能順利進行此一活動，藉此提高其學習動機。

5. 教師先簡要複習「理性」、「非理性」想法的意義。

6. 教師說明爲什麼「誇大」、「不切實際要求」此二類型的想法是不合理的，並以關鍵字爲例來說明。

　(1)「誇大」型的非理性想法

　　①「受不了」：「我受不了那麼多的考試」。有些事情的確令我們不愉快，但還不致於到「受不了」的地步，有很多事我們原認爲受不了，但都忍受了；人是相當有彈性的，在這世界上很少有事眞的會讓我們受不了的。

　　②「糟透了」：「被老師叫起來不會回答是很糟的」。有些事情的確會不如意、不愉快，但還不致於到「糟透了」的地步，世上很少有事眞的那麼糟，凡事再糟也絕非世界末日。

　　③「以偏概全」：

　　例 1：「我永遠都學不好英文」。英文只是到目前爲止學不好，並不表示以後都學不好，如果繼續努力，可能就會進

步。

例2：「每一個人都不喜歡我」。有些人不喜歡你，並不代表所有人都不喜歡你，而且你也不可能被所有的人喜歡。

例3：「又考不及格，我真笨」。一件事、一個行為並不代表一個人，不能以一件事的結果來論斷一個人，所以「考不及格」並不代表我就是一個很笨的人，也不代表我其他方面都不好。

(2)「不切實際要求」型的非理性想法

①「應該」：「我應該每一科目都考第一」、「他們應該答應我的要求」。如果描述的是事實，例如：「應該還有十分鐘就下課了」、「夏天應該變熱的」，這就是合理的。若是把一些「希望」、「願望」變成非達到不可的「要求」而成為自己的負擔或認為事情非要順其意不可，那就不合理了。我們沒有理由要求別人非要照自己喜歡的方式去做或要求別人應該如何做，也沒有必要要求自己一定要達到何種目標而造成困擾。

②「必須」：「我必須要贏過王小明」。釐訂一個目標，做為努力的方向，不斷鞭策自己向前進是很好的，但若把這「希望」變成「要求」，要求自己一定要達到，而造成困擾時，就是不合理的。

7. 教師說明如何分辨合理或不合理想法。分辨的步驟：

(1)寫出心中的想法，一一條列出來。

(2)逐一判斷是合理或不合理想法。判斷的方法：

①自問是否造成困擾？——它是否會傷害你？是否影響你和別人的關係？是否使你不能達到目標？

②是否是事實？——若為事實則屬於合理，若不是則不合理。

③找尋關鍵字——根據關鍵字收集證據，作為找尋非理性想

法的線索。若隱含「誇大」、「不切實際要求」此二類型
的非理性想法，則爲不合理想法。

④說明理由——寫下合理或不合理想法，並說明理由。

※參見手冊第 120 頁。

8. 教師舉例說明：例如：「沒有人讚美我、喜歡我，覺得很沮喪
」，他認爲他「應該」得到別人的讚美與喜愛，此想法是否爲
不合理想法？分辨過程如下：

(1)此想法會造成困擾，它會傷害自己，亦會影響自己與他人的
關係，不能與他人融洽相處。

(2)這不是事實，是自己主觀的意見。

(3)其關鍵字爲「應該」，屬於「不切實際要求」的非理性想法
。

(4)希望得到別人的讚美是合理的，但把「希望、想要、盼望」
變成「要求、一定、應該」則不合理，沒有任何事必須是你
想要的那樣，也不可能凡事都按你的意思做。雖然能被別人
喜愛、讚美是很愉快的事，但若未得到，也非世界末日；而
且這想法太誇大，一、二個人不喜歡自己並不代表沒有人喜
歡自己，所以此想法是不合理的。

9. 實例練習：應用手冊內的實例，練習分辨之，並解說非理性想
法不合理的理由。

※參見手冊第 107 ～ 118 頁（簡單練習即可）。

10.「區辨練習」：舉出二練習題，其中包括各種想法，請學生分
辨何者爲合理的，何者爲不合理的。例如：

事件 A ：「球賽因雨取消。」

想法B$_1$ ：「太可惜了！球賽被取消蠻令人失望的，因爲我好想
打。」（合理的）

想法B$_2$ ：「爲何這種倒霉的事總是發生在我身上，天氣本來應
該是晴天的，眞受不了這鬼天氣。」（不合理的）

※參見手冊第 121 ～ 122 頁。

11. 進行「不進則退」活動：

　　(1)在地上畫12個圈，每個圈代表 1 分。

　　(2)將許多合理、不合理的想法寫在卡片上，並放入一袋中。

　　(3)每組派一名代表到前面抽出六張卡片，逐一唸出題目，該組
　　　其他成員一起回答是合理的或不合理的想法。答對，該組代
　　　表前進一格，答錯則後退一格，若能說明其不合理的理由則
　　　再進一格。

　　(4)每組若三秒內未回答，其他組可搶答。

　　(5)教師在活動中可補充說明，以增進學生的了解。

12.「今天我學到」：請幾位同學發表今天所學到的心得與感想，
　　與大家分享之。

13. 說明本單元家庭作業：「瞭望台：寫下沮喪、難過事件一則與
　　當時想法、情緒，並分辨當時的想法是理性的還是非理性的。」
　　※參見手冊第 128 頁。

14.「叮嚀與囑咐」：

　　(1)說明下週「偵探大賽」的規則。徵求二組自願表演的組別，
　　　針對某一個易引起困擾的事件，演出對此事件的各種想法與
　　　情緒，其中包括理性、非理性想法各半。每一組選出一「偵
　　　探」並替其妝扮成偵探狀。

　　　※詳細規則參見手冊第 128 頁。

　　(2)繳交上次家庭作業。

15.「下週預告」：如何去除非理性想法呢？下週讓我們踏出挑
　　戰的第二步：迎戰非理性想法。

五、補充活動

㈠「我演你猜」——

　　(1)各組分別選派一名善於表演者，教師集合各組代表並給予一些

包含有理性、非理性想法的情境，供其表演。

(2)各組觀看表演後，討論劇中的想法，何者為理性，何者為非理性，並說明理由。

㈡「正反之間」──

(1)全組表演日常生活中常引起困擾的事件與各種想法、情緒，其中理性、非理性想法各半。

(2)演出時，若非理性想法出現，即喊「停」，由旁白解說不合理的理由，解說完畢後，退回重新再演相對的合理想法。

(3)其他組別可補充或糾正表演組之錯誤。

㈢「看誰說的多」──

(1)請一些同學表演包含有各種理性、非理性想法的情境，各組在旁分析、討論何者是合理、何者不是。

(2)針對表演內容，各組輪流接力說出一個理性或非理性想法（並說明不合理的原因），若三秒內答不出則淘汰，待連續三組答不出時，本活動即停止。

㈣「非理性的世界」──

(1)各組討論班上或自己常有的非理性想法，報告之。或以「我應該……」、「我必須……」、「……糟透了」、「受不了」、「我永遠都不……」等為開頭語，進行語句完成。

(2)各組輪流報告，教師再由其報告內容指出各種「誇大」、「不切實際要求」的非理性想法。

㈤「配配看」──教師在黑板寫「理性想法」、「非理性想法」，並把各種理性或非理性想法寫在長條紙上，先使學生確實了解如何分辨後，再由各組成員以接力方式輪流進行；先經「穿針障礙」，針穿過後，則快步到講桌隨機抽一紙條歸類之，若抽到「每個人都應喜歡我」則黏在「非理性想法」下，並寫上組別，在一定的時限下，看那組又多又快又正確，此活動完畢後，教師請同學一起糾正、討論，並作進一步的解說。

㈥「影響何其大」──以理性想法與非理性想法爲內容，各組同學以接力方式完成一故事或由幾個同學先表演一個易引起困擾的情境（例：考不好），再由各組同學將故事可能的發展情形繼續說下去。一些組以較有建設性的理性想法將故事接下去，一些組別以較具破壞性的非理性想法接下去，使同學了解理性、非理性想法所帶來的情緒與行爲後果，明白它們對我們生活有很大的影響。

六、參考資料

1. 共同參考資料。
2. 王淑俐（民73）：理性─情緒治療法的理論架構及其應用。訓育研究，第22卷第4期，30～34頁。

第七單元

挑戰的第二步——
駁斥非理性想法

一、單元目標

㈠更深入的了解如何分辨理性或非理性想法。

㈡了解如何駁斥非理性想法，建立合理的新想法。

二、單元設計旨趣

㈠駁斥非理性想法是理情教育中較難的一環，故需以較淺顯的話語解說，並儘量以活動方式進行，這種「由做中學」的學習方式，不但可提高學習興趣，更可了解學生疑惑處，澄清其錯誤的觀念。因此，本單元舉行「偵探大賽」，希望學生能夠將所學立即在活動中應用出來。

㈡本單元旨在介紹如何藉著駁斥、質問的方法，去除非理性想法，建合理的想法。本單元分成二部分進行，前半部由教師舉例解說駁斥的原則，使學生有基本的認識，後半部則以「偵探大賽」的活動方式，使學生將剛才所學的「理論」實際應用出來。

三、實施方法

採舉例講述、「偵探大賽」等方式進行。

四、實施要領

㈠準備工作

1.準備絨布板及展示內容、理情手冊、上課記錄本。

2.課前發下第七單元手冊。

(二)進行程序及內容概要

1.「溫故知新」：複習上次單元內容，並鼓勵學生將所學應用於日常生活中。

2.引起動機——簡單說明「偵探大賽」規則，使其了解除了要分辨理性或非理性想法外，尚要駁斥非理性想法，將今天所學的駁斥之道立即應用出來，故要仔細聽課，方能順利完成偵查工作。

3.教師舉例講述駁斥的方法。

(1)引起動機——首先以第二單元「模型被坐壞」的例子，複習「情緒ＡＢＣ」要旨，使其了解想法的重要和非理性想法與情緒困擾的關係，因此，當我們有非理性想法時，則應去除之並以理性想法代替。

　※以絨布板展示各種想法、情緒，方便解說並能爭取時效。

(2)簡單說明駁斥的意義與方法。使學生了解「駁斥」即是質問，找證據來反駁某種想法是錯誤的。而駁斥的方法事實上即是分辨非理性想法的步驟（參見手冊 120 頁），以肯定的方式陳述，再加上一個反駁的陳述——「即使情況沒改善，我就真的……」、「為什麼這件事是糟透了？受不了的？應該……？」。

(3)簡單說明替代的理性想法的型態：「雖然我不喜歡……，但是還不致於……」、「雖然我不喜歡……，但是我仍然……」。

(4)實例說明

▲▲事件A：「考不好，被打。」

▲情緒C：難過、沮喪。

▲想法B_1：「同學會笑我，真沒面子」（覺得被笑是很糟的，為非理性想法。）

▲駁斥D_1：

1. 此想法易引起困擾：對我無益，會影響我與別人的關係並使我常擔心會被別人笑，畏首畏尾的。

2. 這不是事實，是我自己主觀的想法。怎麼知道同學會笑，可能他們自己也在緊張、耽心被打，那還有心情笑。

3. 即使同學真的笑，難道我就真的無法忍受嗎？「被笑」真的有那麼糟嗎？

▲新想法E₁：

1. 雖然我不喜歡被笑，但還不致於到「糟透了」的地步，還是可以忍受得了的。

2. 他們可能根本就沒有注意到我，何況他們笑我是他們不對，我不必因此而難過。

3. 即使被笑也只是一時的，只要我用功不被老師打，就可改善。

4. 即使無法改善，我也有其他的長處，有些我會的，他們不一定會。

▲▲想法B₂：「我真笨」（以偏概全，為非理性想法）。

▲駁斥D₂：

1. 此想法易引起困擾：對我無益，會傷害我，使我自卑，對自己沒信心，且會影響我讀書情緒。

2. 這不是事實，是我自己主觀的想法。一個行為不等於我整個人，這次考不好，不代表自己什麼都不行，太以偏概全了。

3. 為什麼一次考不好就代表我笨？我真的什麼都不行嗎？

▲新想法E₂：

1. 雖然我不喜歡考不好，但這並不代表我是個沒用的人。

2. 一次考不好，不代表以後都考不好，更不代表我笨，只要我努力，就可改善。

3. 即使真的無法改善，我也有其他的優點，我有些方面也表

現的不錯。

※可寫在黑板上或以絨布板呈現出來，方便解說。

4. 參考手冊的內容，再簡單複習一次。

※參見手冊第 131 ～ 141 頁。

5.「最後衝刺」：給予各組 3 分鐘替「偵探」做最後的補妝，表演組亦做最後的準備。

6.「偵探大賽」：

(1)表演組表演易引起困擾的事件一則，和其各種的理性、非理性想法和情緒。

(2)表演時，各組同學協助「偵探」尋找劇中的理性或非理性想法。

(3)表演完，討論二分鐘後，各組「偵探」到黑板寫出偵察結果，說明何者為理性想法，何者為非理性想法，並以其中一個非理性想法為例，駁斥之。

(4)教師檢討黑板內容並評分之。

(5)第二組表演後，請同學自由發表偵查內容。

(6)檢討時，於適當的時機說明：

①駁斥不是找理由安慰自己，其雖然也可使我們情緒平和，但只會使我們安於現狀，阻礙我們上進；而理性想法是會促進我們成長、前進的，會使我們更積極努力。

②不是引起我們不愉快的想法全是非理性想法，遇事不如意難免會失望、傷心，這是自然的，但若有過度的負向情緒，嚴重妨礙我們的日常生活時，則要注意是否是非理性想法作祟，但是，並非引起不愉快的想法均是非理性的。

③駁斥一、二次是不夠的，要不斷練習才能有效。

④理情教育不是叫我們不要有情緒，而是不要有過度的負向情緒，要有適當的情緒反應；亦不是要我們壓抑情緒，而是要我們改善情緒反應。

　　※參見手冊第 142 ～ 145 頁。

　(7)評判各組「偵探」裝扮分數。

7.「今天我學到」：請幾位同學發表今天所學到的心得與感想，與大家分享之。

8.說明本單元家庭作業：「我的世界：找出自己的非理性想法並駁斥之」、「補充閱讀讀後感」。

　　※參見手冊第 148 頁， 151 ～ 157 頁。

9.「叮嚀與囑咐」：

　(1)各組可事先想想如何將這幾週所學的課程內容，編成一首動聽的歌曲，下次上課時發表。

　(2)請仔細閱讀五～七單元手冊，下次上課進行「腦中作業」活動時，方能順利過關。此活動即是邊唱歌邊傳袋子，喊「停」時袋子傳到誰手中，即抽出袋中寫著各種想法的卡片一張，分辨是合理或不合理，若不合理則駁斥之。

　(3)請帶一、五～七單元手冊。

　(4)繳交上次家庭作業。

10.「下週預告」：你是否常覺得“糟透了”？你生過氣嗎？為什麼人會生氣？下週一起來探討。

五、補充活動

㈠「誰最有道理」──舉出一些非理性想法，各組討論報告或個人自由發表意見「為何此為非理性想法」，看誰說的最有道理。所舉出的非理性想法，儘量與學生生活經驗相配合，例如：「英文考不及格，我怎麼這麼笨」、「被叫起來不會回答問題，是很沒面子、很糟的一件事」、「我受不了天天考試」等。

㈡「困擾再見」──各組討論常引起困擾的事件一則，列出其可能有的非理性想法並駁斥之，可以報告、歌曲、演劇、雙簧、相聲等方式來呈現討論結果。

㈢「非理性想法排行榜」——

(1)全班腦力激盪常有的非理性想法，並寫在黑板上。

(2)歸納整理各個非理性想法，合併相似者。

(3)選出前六名的非理性想法，並分派給各組討論。

(4)各組討論如何去除此一非理性想法。

(5)報告討論內容。

㈣「即席演講」——

(1)擬定題目並事先公佈之，題目內容多關於非理性想法應如何去除，例如：「當我再考壞時……（我會怎麼想）」、「當我覺得自己笨時……（我會怎麼想）」等。

(2)下次上課時，隨機抽取學生上台發表意見。

㈤「先聲奪人」——

(1)全班分成六組，各組選一個發言人，並發給一小號角或哨子。

(2)選擇一些演員，演出包含各種非理性關鍵字的短劇。

(3)各組成員協助發言人偵查關鍵字，那一組發言人可分析此劇，找出關鍵字者，則吹其號角或哨子。

(4)發言人站起來或到黑板上分析，若說錯，其他隊成員皆可糾正之。

(5)設計給分標準和獎勵冠軍組。

㈥「小小張老師」——在黑板上畫一個煩惱的人，其四周寫著一些非理性的想法，例如：希望被每個人喜歡、從不失敗、每件事都要做的很好……等，請學生逐一評論這些想法是否合理？若不合理，理由在那？這個人要對自己說些什麼話才會快樂起來？我們要如何幫助他？

㈦「配對櫥窗」——教師將一些理性、非理性想法寫在大張壁報紙上，並標上題號。先給同學看一分鐘，然後將答案蓋住，學生點題，若點理性想法，翻開謎底也正好是理性想法則得分，若點到非理性想法，並能駁斥則加分，使學生由活動中能有更深入的了

解。

(八)「看圖說故事」——教師畫一些易引起困擾情境的圖片，此圖片可爲單張或爲故事性的數張，圖中人物有些人是正向情緒，有些人是負向情緒，請各組運用所學看圖說故事，故事中要包括一些「理性」、「非理性」想法與「駁斥」。

(九)「誰是佼佼者」——發給各組數張紙與簽字筆一枝，教師唸出理性或非理性想法，各組同學一起分辨並駁斥之，在限定時間內將答案寫在紙上，當教師作出某訊號時，一起亮出答案，看那組答案最佳。

(十)「圖畫接力」——各組同學在限定時間內，運用個人的想像力輪流將黑板上的圖完成，可畫出一易引起困擾的情境和其發展情形，內容需包括一些理性、非理性想法。畫畢後，各組同學對該組所完成的畫作一解說，並說明要如何想、如何駁斥其非理性想法，才能解除此一困擾。此活動亦可用「寫」的方式進行，各組針對一情境，以接力方式輪流到黑板寫出有關的理性或非理性想法，並討論如何駁斥之。

(土)「小小醫師」——一些同學說出困擾自己的事情，其他同學則替其「診治」，分析其當時的想法是合理的或不合理的，並提出「處方」，告訴其如何駁斥以解除困擾。此一活動亦可採無記名方式，每個同學寫出其最大的困擾，放入一大袋子中，任抽一張，公開唸出此一問題，請各組「診治」、分析，並提出「處方」，看那組的「治療」最有效。

(圭)「新聞眼」——事前請同學剪下報紙二類的新聞：一類是因情緒激動而闖下大禍，發生悲慘事件的新聞，例：因憤恨而殺人；另一類則是好人好事的新聞。上課時，提出各則悲慘事件，討論其當時的想法爲何，要如何想才會避免此事的發生；再討論好事方面，以學習之。

六、參考資料

1. 共同參考資料。

2. 連麗紅（民73）：人際關係與生活哲學。載於國立台灣師範大學學生輔導中心主編：生活中的人際關係。台北市，國立台灣師範大學學生輔導中心，6～18頁。

3. 潘希固（民72）：老問題，新觀念。載於國立台灣師範大學學生輔導中心主編：大學生的自我追尋。台北市，國立台灣師範大學學生輔導中心，5～6頁。

第八單元

眞的是世界末日嗎？
——「要求」與「災難化」

一、單元目標

㈠了解不合理的要求與合理期許的區別。

㈡了解「生氣」是如何產生的。

㈢了解如何向不合理要求挑戰。

㈣了解「災難化」的本質並練習向其挑戰。

二、單元設計旨趣

㈠第一至七單元乃爲「基礎篇」，介紹理情教育的基本內涵，第八、九單元則是「應用篇」，加強實際的應用與演練，使學生能將所學整體性的運用於日常生活之中。

㈡爲了使所學與日常生活經驗相結合，乃針對日常生活中常有的非理性想法實際演練，使更熟練駁斥之技巧。本單元乃針對「不切實際要求」與「災難化」二類非理性想法，進行演練，使其了解如何對抗之。

㈢本單元分成三部分進行。首先以學生日常生活經驗爲例，使其了解「不合理要求」、「合理期望」的區別和人們爲什麼會生氣的道理，並以同學、教師本身的實例說明如何將所學應用於日常生活之中。再者，進行「腦中作業」活動，使學生能更熟練的運用駁斥。最後則探「理情之歌排行榜」的歌曲創作方式，使學生統整所學過的內容，並以歌唱方式表現出。

三、實施方法

採腦力激盪、舉例講述、區辨練習、「腦中作業」、歌唱、歌曲創作等方式進行。

四、實施要領

㈠準備工作

1. 準備「腦中作業」題目、理情手冊、上課記錄本。

2. 課前發下第八單元手冊。

㈡進行程序及內容概要

1.「溫故知新」：複習上次單元內容。

2.「腦力激盪」：

⑴請學生說出在什麼情況下他會生氣，有什麼事他覺得很糟。

⑵由學生所舉的例子中，說明我們常認為「事情不應該是這樣」，所以才會生氣，若我們沒有告訴自己「他怎麼可以這樣、他不應該這樣」，我們根本就不會生氣。並由此引出「不合理要求」、「合理期望」的概念，使其了解我們「希望」如何，「期盼」某事如何，是合理的；但若「一定」要事情順自己意思，要求別人、自己「應該」如何，「不應該」如何，則是不合理的，常會帶給自己痛苦、憤恨和沮喪。

⑶舉幾個例子練習區分「不合理要求」、「合理期望」。
※參見手冊第 160 頁「連連看」。

⑷使學生了解如何駁斥「不合理要求」。質問自己：「為什麼×應要和現在的樣子不同？」，「為什麼×一定要按我想要的那樣去做？」；告訴自己：「我不喜歡×，我希望×不存在，我會試著去改變，若能改變最好，但如果無法改變，我仍可以忍受的。」。

⑸再由學生舉例中，說明「災難化」的本質和其對我們生活的

影響。常把小困擾看成「大災難」時，往往引起不必要的負
向情緒，常覺得事情「糟透了」、「很可怕」。

(6)使學生了解如何駁斥「災難化」。質問自己：「為什麼×是
糟透了？有什麼證據可證明？」，「我真的受不了嗎？」；
告訴自己：「我不喜歡×，當×發生時，我感到不愉快，但是
是這並不表示×是糟透了或可怕極了；我可以儘量改善，但
若無法改善，也還不致於到『糟透了』的地步，我還是可忍
受的。」

※說明如何駁斥時，均以實例解說之。

3. 教師以本身的經驗與學生作業中所舉的實例，說明如何將理情
教育內容應用於日常生活之中，如何以駁斥來對抗自己的非理
性想法與情緒。

4. 「腦中作業」：

(1)在紙袋上畫出一個人喜怒哀樂的表情，內放一些有關於「要
求」、「災難化」想法的卡片。

(2)告訴學生這些「思想卡」是代表一些存在我們腦中的想法，
有些是合理的，有些則是不合理的，而這些想法也引發出一
些適當或不適當的情緒反應。

(3)全班邊唱歌邊傳這紙袋，喊「停」時，袋子傳到誰手中，即
抽出一張卡片，大聲唸出卡上想法，指出這是合理或不合理
想法並加以駁斥（若時間允許，可再請其說明、推測這些想
法會造成什麼後果，使其更深入的了解想法是如何影響情緒
與行為）。

※(1)參考題目：①我希望得到那件新衣服（合理）②我一定
要得到那輛腳踏車（不合理）③每一個人都應該喜歡我
（不合理）④他們不約我去玩，是很糟的一件事，表示
他們不喜歡我（不合理）⑤爸媽若沒帶我去玩，我會變
失望的（合理）。

(2)題目可參考學生家庭作業的內容，或由各組出題給其他組答，但題目需經教師過濾方可。

(3)抽到的學生回答後，可再請其他同學補充之。

(4)在說明規則後，學生若呈現緊張狀，教師則以此例來說明、分析「緊張」後所包含的非理性想法及如何駁斥自己，使情緒逐漸平和（於課堂中，教師儘量利用現場所發生的事件來說明、分析，更見成效）。

5. 教唱：教學生唱「　ABCDE　Song　」，以引起「歌曲創作」之靈感與動機。

　※參見第一單元手冊第 7 頁。

6.「理情之歌排行榜」：

(1)請同學以「歌曲創作」的方式來統整這幾週來所學的課程內容與心得。曲子不限定，詞自編。

(2)各組演唱創作成果。

　※可將討論的歌詞寫在手冊第 179 頁。

7.「今天我學到」：請一、二位同學發表今天所學到的心得與感想，與大家分享之。

8. 說明本單元家庭作業：「顯微鏡世界：寫出一非理性想法並駁斥之」、「補充閱讀讀後感」。

　※參見手冊第 181 頁、 183 ～ 187 頁。

9.「叮嚀與囑咐」：

(1)說明下週「主席排」各組進行的主題與表演方式。

(2)說明「名言錄」進行方式。各組於課前收集鼓舞人向上，使人不再自卑的至理名言，下節課中交給老師評分。

(3)繳交上次家庭作業。

10.「下週預告」——「我是個可憐蟲嗎？我永遠不如別人？」下週讓我們一起向自卑感挑戰！！！

五、補充活動

㈠「生不完的氣」──教師編擬一故事，描述一個脾氣火爆的人，常生氣、常愛和人吵架，詢問學生其問題癥結所在？如何替其解決問題？由一邊講故事、一邊誘導學生思考中，使其了解不合理要求及其伴隨而來的情緒與行為後果，並試著向其挑戰。

㈡「退一步想」──同學腦力激盪各種令自己生氣的情境，並請大家想想如何息怒。若由另外一個角度來看事情，會變得如何？

㈢「真的是世界末日嗎？」──

(1)請學生列出十項不愉快的情境，並從最低程度到最高程度排列之，例如：去看病、被罵、………、考壞了。

(2)學生們互換所寫內容，或請一些同學大聲唸出自己所寫的，並詢問學生，為什麼每個人寫的都不同？使其了解每個人覺得「糟糕」、不愉快的情境不同，當自己一再告訴自己某事很糟時，即是將事情「糟糕化」，事實上並沒那麼糟，有些人就不覺得那麼糟。

(3)討論如何克服這非理性想法。

㈣「小小法院」──請同學演一齣戲，說明某人因為不能去遠足而將一切糟糕化，由其他同學對其想法與情緒加以質詢、駁斥。活動結束時，讓主角說出那一位的「挑戰」最有力，然後再請同學表演一些「糟糕化」的情境，繼續質問之。

㈤「佳文共賞」──請每位學生寫出自己應用所學的經驗：如何發現、如何駁斥自己的非理性想法，並分享之。

㈥「『氣』從那裏來？」──以「我們為何生氣」為題，進行討論，使更深入了解人們為何會生氣和如何對抗之。

六、參考資料

1.共同參考資料。

第九單元

向自卑感挑戰
──缺陷也是一種美

一、單元目標

㈠了解如何向自卑感挑戰。

㈡了解犯錯並不可怕，人不可能十全十美。

㈢使學生更能接納自己。

二、單元設計旨趣

㈠本單元乃針對學生日常生活中常有的非理性觀念──「自卑」、「完美主義」進行駁斥的演練，使同學能更接納自己。

㈡為了增進學生的參與感及提高學習興趣，達到「師生共同參與」之動態教學理想，本單元採「主席排」方式進行，即由某一組同學主持本單元的活動，課前與教師研討上課的內容與方式，教師在旁指導，上課中則由此組同學主持活動。其他各組表演的內容，由學生自行取材，可和其日常生活經驗相配合，並能將所學的知識，生動、自然的應用於日常生活之中。

㈢本單元分成三部分進行。首先由「主席排」自我介紹，說明單元名稱、活動方式；再者，各組配合主題進行表演活動，各組表演後，其他組補充意見；最後進行「優點轟炸」，使同學能更清楚的了解自己的優點。

三、實施方法

採「主席排」、演劇、討論、「優點轟炸」等方式進行。

四、實施要領

(一)準備工作

1. 課前訓練「主席排」，研討上課內容與方式並準備標明各成員職務之「職稱牌」與獎杯、獎牌等物。

2. 準備「優點轟炸」所需紙張。

3. 課前發下第九單元手冊。

(二)進行程序及內容概要

1. 「溫故知新」：複習上次單元內容。

2. 引起動機：教師詢問學生「是否有缺點？是否曾犯錯？當有缺點、犯錯時，如何面對？人是否可能十全十美？」等問題，以引起學習心向。

3. 「主席排」：

(1)成員自我介紹：介紹職務並說出某一種自卑與挑戰之道，例如：「我是矮自卑，因為我覺得我好矮，好難看；不過，今天我要向它挑戰，雖然我不喜歡矮小，但還不致於『受不了』，況且個子矮做衣服還省布呢！別看我個子小，我還是有很多優點，像我既公正、口才又好，所以今天發揮所長，擔任『裁判』，評分後並作講評，我們的評分方式是……」。

(2)「最後衝刺」：給各組三分鐘做最後的準備。

(3)「拒絕自卑的小子」：

① 各組配合主題進行表演活動。各組可用歌唱、歌劇、演劇、雙簧、討論報告等方式來表現三個主題：平日最令自己自卑的事，自卑時的想法，如何向自卑挑戰。

② 各組表演後，裁判評分、講評，並進行討論，其他組針對表演的主題，提出其他駁斥、對抗自卑之道。

(4)「優點轟炸」：

① 發給每位同學 7 — 9 張紙。

②在每張紙上，分別寫上下一組成員的優點，寫的格式均為「×××，我喜歡你，因為……」，內容要具體、真誠，儘量將對方的優點寫出，幫助對方更了解自己的優點。

③各組同學將同一位同學的「優點轟炸」紙條彙集，並分送給該同學。

④結語並說明本活動之意義。

(5)頒獎：頒發獎杯給表現優良的組別。

4. 教師講評並闡述「天生我材必有用」、「人各有所長」、「人不可能十全十美」的真諦，使學生能夠接受自己的「缺陷美」，了解如何對抗自卑感。

5. 繳交「名言錄」內容，下週分享。

6. 說明本單元家庭作業——「顯微鏡世界：寫出自己優、缺點」、「心有千千結：向自己的自卑挑戰」、「補充閱讀讀後感」。

　　※參見手冊第 208 ～ 218 頁。

7. 「叮嚀與囑咐」——

(1)請複習所教過之課程並瀏覽 1 ～10 單元手冊內容，下週將以搶答方式進行總複習。

(2)下週請帶第一單元手冊。

(3)繳交上次家庭作業。

8. 「下週預告」——進行了九次課程，你學到些什麼？整理一下，下週分享。

五、補充活動

㈠「我能‧我不能」——發下白紙請學生寫出三個「我不能……，但是我……」，具體的寫出自己能力上的長、短處，例如：「我不能把書讀的很好，但是我的模型做的很好」、「我的字不能寫的很好看，但是我的體育很好」。使學生進一步去了解自己的優

、缺點，並由此討論「人不可能十全十美」、「一個行爲不代表
一個人的價值」等主題。

㈡我是這樣子的人嗎？

(1)發給同學一張印有下圖的紙。

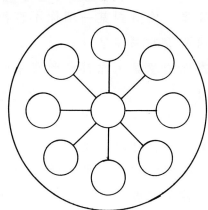

(2)請學生將名字寫在正中央的小圈內，再儘可能的寫下自己所了
解的自己，寫在外圈上，例如：自己的興趣、個性、情緒狀態
……等，其中至少一半是正向的反應。

(3)提出一些問題，質問自己，例如：

①「如果我不喜歡做家事，我將屬於那一類的人？」

②「如果有時我很友善，有時則否，我將是那種人？」

③「我是不是就只是某一格內的那種人？」

(4)請同學寫一些綽號、罵人的話，投入袋子中，例如：你是一個
髒鬼、自私的人、笨蛋、壞人等。

(5)邊唱歌邊傳袋子，喊「停」時，袋子傳至誰手中，誰就抽出一
張，並大聲唸出：「他說我是一個××」，並自問自答一些問
題：

①「我是不是就是他們說的那樣？」

②「是不是他那樣說我，就可以抹煞我其他的特點？我還有其
他特點，如……」（鼓勵學生多用「偶而」、「大部分」、
「很少」的詞句來描寫自己的特質，例：「我大部分是很文靜

的」）

(6)全班同學一起進行：注視「自我觀念環」的其中一格，並自問
　自己：

①「你是不是就只是這個樣子？」

②如果別人叫你笨蛋，或針對某一項你不喜歡的特質來叫你，
　你是不是就像他所說的那樣？」

③「是不是別人對你的意見，你都會照單全收？而且最後應驗
　了他們的話？」

(7)使同學了解到：

①如果我真的有「自我觀念環」上的所有特質，怎麼可能他們
　說我是笨蛋，我就真的變成一個笨蛋，難道圓環上其他所寫
　的特質，就全被抹煞了嗎？

②一位同學對我的看法，不能代表所有人的看法。

③自己不是只有一個層面，人是相當複雜的，不可能因一個特
　質就評定是某種人；換言之，一個人的價值感不能以其外在
　表現或某一特質來決定。

④每個人各有所長，就如同五根手指不等長，各有其用處。

(三)「自卑大會串」──教師、同學可說出「古今中外」因自卑而自
　毀或因克服自卑而成功的故事，並加以討論。

(四)「接故事比賽」──自擬一自卑情境，並運用所學駁斥之，各組
　成員以接故事的方式完成。

(五)「好人與壞人」──

(1)在地上畫一些圈圈，使學生能自壞人（起點）走到好人的圈圈
　（終點）。

(2)教師準備一些正向特質卡（約佔所有卡的四分之三），例如：
　幫家人洗碗、聰明、誠實；一些負向特質卡，例如：受挫時大
　發脾氣、不理朋友，欺騙老師等。

(3)進行活動：

①每次請各組一、二位同學進行此活動。

②學生抽出一張卡片，若爲正向卡片即前進一格，如抽到負向卡，則不管其前進多少格，都必須再回起點。

(4)進行討論：

①詢問同學，此一活動是否公平？並請其解釋爲何這個活動不合理。

②理論上，幾乎沒有一個人可走到終點（好人），問學生將一個人想成「全好」或「全壞」是否合理？

③請同學想想在日常生活中，是不是常常因爲有人批評自己，就讓自己認爲自己是壞人？把自己一下子降到起點「壞人」那一點，認爲自己「我是壞蛋，我就如同你們所說的，我的其他好的特質都不算數」，這種想法合理嗎？

④問同學，當他遇到挫折時，還會不會記得自己擁有的一些好的特質？

(5)使同學了解到：

①沒有一個人是全好或全壞的，若認定每個人不是好人就是壞人，則易有自我貶損的傾向。

②只有一些好的特質，並不能就使自己成爲一個好人，同樣的道理，自己也不會因爲一些缺點就成爲一個壞人。

③了解自己是具有多項特質的複雜個體，不會因爲一個特質，就論定是那種人。

(六)「重塑自我」──請學生想想自己所願改變的特質與性格，並製成卡片說明其改善計劃及進度，同學分享之。或請學生列出他們所希望自己擁有的特性並提出如何接納、改善自己不想要特質的方法。

(七)「名言接力」──各組輪流說出勉勵人向上，使人不自卑的至理名言，不得重覆（可請其事先準備）。

(八)「我說你猜」──把有關「自卑」、「完美」的內容，例如：缺

陷美、向自卑挑戰、十全十美……等，寫在紙上裝訂成冊，作為謎題。請一位同學手持謎題站在各組後面，各組派一代表出來說明謎題，讓同組成員猜，說明時儘量用所學的內容來解說，而且所用的字詞不可與謎題中的任何一字重覆，看那組猜對最多。

㈨「文章選粹」——教師可將有關的好文章、好書籍提供給大家欣賞，並討論心得與感想，例如：「閃亮的日子」、「飛揚的一代」（九歌出版社）。

㈩「你找得到嗎？」——請學生去找世上沒有價值的東西，討論世上是否有此物存在，使其了解任何物質「只要生存在世上，必有其價值存在」。

六、參考資料

1. 共同參考資料。

2. 毛國楠（民72）：自卑與超越。載於國立台灣師範大學學生輔導中心主編：大學生的自我追尋。台北市，國立台灣師範大學學生輔導中心，27～28頁。

3. 白禮達（民65）：道路的抉擇。香港，海威出版社。

3. 林一眞（民64）：「主席排」在國中指導活動的運用。測驗與輔導，第三卷第四期，179～181頁。

5. 吳麗娟（民73）：主席排介紹。載於國立編譯館主編：國民中學輔導活動教師手冊第一冊。台北市，國立編譯館，23～27頁。

6. 吳麗娟（民73）：做個快樂應考人。測驗與輔導，第64期，1129～1133頁。

7. 青少年輔導中心「張老師」（民71）：團體領導者訓練實務。台北市，張老師月刊社。

8. 陳淑琬（民70）：國中班級指導活動實施「主席排」的檢討與建議。輔導月刊，第18卷第1、2期合刊，37～44頁。

9. 陳怡安（民73）：積極自我的開拓。台北市，洪建全教育文化

基金會書評書目出版社。

10. 劉惠琴（民72）：我心深處。載於國立台灣師範大學學生輔導中心主編：大學生的自我追尋。台北市，國立台灣師範大學學生輔導中心，19～20頁。

11. 鄭明進、侯忠貞、王文龍編選（民69）：晚安故事365（下）。台北市，將軍出版公司。

第十單元

理情路上你和我

一、單元目標

㈠複習所有的課程。

㈡重要觀念的複習與澄清並提醒學生應用時注意事項。

㈢強調力行的重要，鼓勵學生應用所學於日常生活中。

㈣個人現況與課程之評鑑，並請學生提供建議以供參考。

二、單元設計旨趣

㈠本單元的目的乃是複習、統整所有的課程，幫助學生融會貫通，使能深切了解本課程之內容並鼓勵其付諸行動，將所學應用於日常生活之中。

㈡爲了提高學習興趣，增進複習的效果，本單元皆探活動方式進行，希望由活動中複習、澄清理情課程的重要觀念與內涵。

㈢本單元分成三部分進行。第一部分是以帶動唱方式作爲暖身運動，複習以往所教的理情之歌，並學習新的歌曲。第二部分進行搶答，以複習所學內容，澄清一些重要觀念，其中又分爲全班搶答、各組輪答、「小小張老師」、「你能找出錯誤嗎？」、「駁斥的世界」、「分享時間」幾個單元進行，內容均取自學生平日作業中，以符合其之需要。第三部分則爲結束的階段，以頒獎、「臨別贈語」，鼓勵、祝福其有個最美好的明天！

三、實施方法

採帶動唱、搶答、講述方式進行。

四、實施要領

㈠準備工作

1. 準備「理情之歌」歌詞、搶答題目、簽字筆、白紙、學生作業中好的範例與問題、獎品、選出學生「名言錄」中的佳句、「臨別贈言」內容、第一單元手冊、課程評鑑表、上課記錄本。

2. 課前發下第十單元手冊、課程評鑑表，並將學生自編的「理情之歌」歌詞抄在黑板上。

㈡進行程序及內容概要

1. 「帶動唱」：教唱教師自編的「The more we know REE」，並複習以往所教過的理情歌曲，最後教唱學生自編的「理情之歌」，並附加動作，以提高學習興趣。
   ※參考手冊第 8 頁。

2. 進行搶答：將課程內容以問題的形式寫在卡片上。分成幾個單元進行：

   ⑴「全班搶答」：誰舉手最快，即取得發言權。

   ⑵「各組輪答」：各組輪流回答，在限定時間內未答出，其他組可搶答。各組回答方式可自由變化，例如：全組同學若認為此一陳述是對的，則站起來一腳踏地三下、拍手……表示，若有人動作不統一則淘汰，看那組最後剩下的人最多，即為優勝組。

   ⑶「小小張老師」：將學生作業中所問的問題彙集一起，或將一些重要概念以問題的形式呈現，請學生解答，教師補充說明，解答最佳者得分。

   ⑷「你能找得出錯誤嗎？」，以學生作業中所犯的錯誤為題，例如：錯誤的駁斥、觀念等，請學生找出錯誤，回答無誤者給分。

(5)「駁斥的世界」：發給各組一枝簽字筆和白紙數張，教師唸出學生常發生的事件與非理性想法，各組討論如何駁斥，並把討論結果寫在白紙上，教師評分之。

(6)「分享時間」：唸出學生作業中駁斥正確的例子，供大家參考。

※(1)教師儘量利用「現場事件」來解說理情要旨，例如：學生搶答時過於緊張，急於要求得高分，則以此為例，說明如何找出、駁斥其中所包含的非理性想法。

(2)教師於搶答過程中，視適當機會強調、澄清一些重要觀念，例如：駁斥不是找理由安慰自己，不是鬆開了什麼都無所謂；理情課程不是要我們不要有情緒，而是要有適當的情緒；強調力行的重要，使其了解挑戰像學習一樣是終其一生的歷程，需要不斷練習並經常的應用於日常生活中。

3.「心跳時間」：頒獎；頒發獎品給優勝的組別與認真寫作業的同學。

4.「臨別贈語」：分享學生「名言錄」活動中的名言，並送給學生一些話以鼓勵其向上，例如：「退一步想，海闊天空」、「凡是努力過的都會發生影響，留下痕跡」等。

5.「婆婆媽媽」：做最後結語並說明繳交「理情教育課程評鑑表」時間，請其對這幾週的課程作一個綜合性的反映，並提供建議供以後參考。

6.「珍重再見」：最後在「理情之歌」的歌聲中揮手道別，結束理情教育課程。

五、補充活動

㈠「時光隧道」——請學生統整這幾週所學的課程，將自己學習所得之內容，以詩歌朗誦、演劇、數來寶、雙簧、即席演講、歌曲

創作、新聞採訪等方式表現出來，共同分享。

㈡「揮之不去」──將本課程進行中，印象最深刻的事件或學習內容，呈現出來。

㈢「接龍」──以「理情課程」、「理性想法」、「非理性想法」、「情緒ＡＢＣ」等爲「龍頭」，讓學生自由聯想在「龍頭」後接一些句子，有點類似語句完成，使統整所學並能了解其心聲。

㈣「理情與我」──教師帶領同學回憶所上的課程內容後，同學輪流說出自己最想說的話，包括：學習本課程後的心得、感想與影響，對本課程的建議等。

六、參考資料

1. 共同參考資料。

2. 吳麗娟（民 74 ）：從「人人都是自己最好的醫生」說起──談心理與健康。測驗與輔導，第 66 期， 1232 ～ 1235 頁。

3. 國立編譯館主編（民 71 ）：國民中學指導活動學生手册（二年級下學期用）。台北市：國立編譯館。

4. 國立編譯館主編（民 73 ）：國民中學輔導活動學生手册第一册。台北市，國立編譯館。

5. 丁盈意（民 72 ）：一學年來的回顧。載於台北市立明德國民中學教學研究會：輔導活動單元教學研究（一下）。台北市立明德國民中學，58. ～ 62. 頁。

6. 蔡順良（民 72 ）：師大學生家庭環境因素、教育背景與自我肯定性之關係暨自我肯定訓練效果研究。國立台灣師範大學輔導研究所碩士論文。

7. 多湖輝著，劉秋岳譯（民 68 ）：自我暗示學。台北市，國際文化事業公司。

8. Ellis , A.（ 1976 ） A garland of rational songs. New York : Institute for Rational Living.

9. Maultsby , Jr., M.C.（ 1984 ） Rational behavior therapy. New Jersey : Prentice-Hall.

共同參考資料

1. 吳麗娟（ 民70 ）：試談輔導活動教學。輔導月刊，第17卷第5、6期合刊， 15 ～ 21 頁。

2. 吳麗娟（ 民70 ）：國中班級指導活動科單元教學設計。測驗與輔導，第48期， 762 ～ 765 頁。

3. 吳麗娟（ 民71 ）：國中班級指導活動科單元教學設計。測驗與輔導，第51期， 811 ～ 819 頁。

4. 吳麗娟（ 民71 ）：國中班級指導活動科單元教學設計。測驗與輔導，第52期， 836 ～ 838 頁。

5. 吳麗娟（ 民73 ）：「RET週末研習會」活動報告。未出版之報告。

6. 吳麗娟（ 民74 ）：認知行為策略對改變學生考試負向想法之實驗案例介紹。輔導月刊，第21卷第6期， 35 ～ 45頁。

7. 吳麗娟（ 民75 ）：認知行為改變技術在學校應用之個案實例介紹。測驗與輔導，第 75期，1403 ～ 1408頁。

8. 連麗紅（ 民73 ）：理情治療法對國中女生輔導之效果。國立台灣師範大學輔導研究所碩士論文。

9. 國立編譯館主編（ 民73 ）：國民中學輔導活動教師手冊第一冊。台北市：國立編譯館。

10. Gerald, M., & Eyman, W.（ 1981 ）. Thinking straight and talking sense : An emotional education program. New York : Institute for Rational Living.

11. Harris, S.R.（ 1976 ）. Rational-emotive education and the

human development program : A guidance study. Elementary School Guidance and Counseling, 11(2), 113～121 。

12. Katz, S. (1974). The effect of emotional education on locus of control and self concept. Unpublished doctoral dissertation, Hofstra University.

13. Knaus , W.J. (1979). Rational emotive education : A manual for elementary school teachers (3 rd ed.). New York : Institute for Rational Living.

14. Kranzler, G.D. (1974). You can change how you feel : A rational-emotive approach. Eugene, Dregon : RETC Press.

15. Young, M.S. (1974) A rational counseling primer. New York : Institute for Rational Living.

理性情緒教育手冊
（學生手冊）

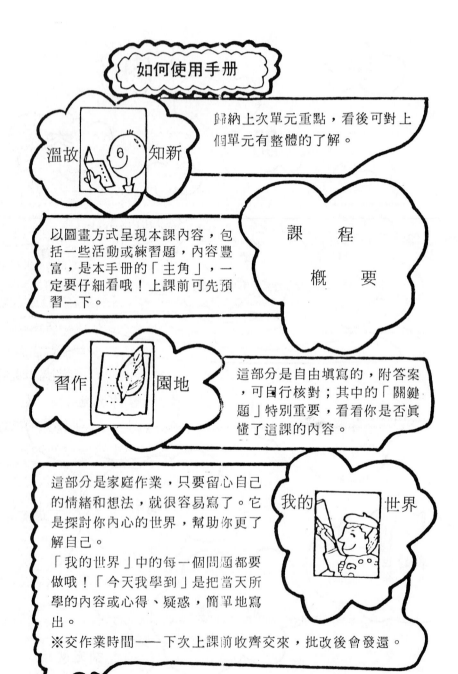

如何使用手冊

溫故　知新

歸納上次單元重點，看後可對上個單元有整體的了解。

以圖畫方式呈現本課內容，包括一些活動或練習題，內容豐富，是本手冊的「主角」，一定要仔細看哦！上課前可先預習一下。

課程概要

習作　園地

這部分是自由填寫的，附答案，可自行核對；其中的「關鍵題」特別重要，看看你是否真懂了這課的內容。

這部分是家庭作業，只要留心自己的情緒和想法，就很容易寫了。它是探討你內心的世界，幫助你更了解自己。
「我的世界」中的每一個問題都要做哦！「今天我學到」是把當天所學的內容或心得、疑惑，簡單地寫出。
※交作業時間——下次上課前收齊交來，批改後會發還。

我的　世界

下次上課時，要帶些什麼東西呢？要準備什麼呢？看看這欄便知道了。

叮嚀與囑咐

下週預告

可告訴你下次上課要討論什麼主題，有興趣的話可先想一想。

除了固定要寫補充閱讀的讀後感想這一欄你想寫什麼就寫什麼，它可以是你和我講「悄悄話」的園地，也可寫出對這課程的建議。

迴　響

補充閱讀

這些文章都是十分好看的哦！
不信，看看就知道。
別忘了，這單元若有補充閱讀時，則要將讀後感寫在「迴響」欄中哦！

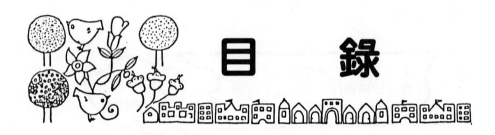

目　錄

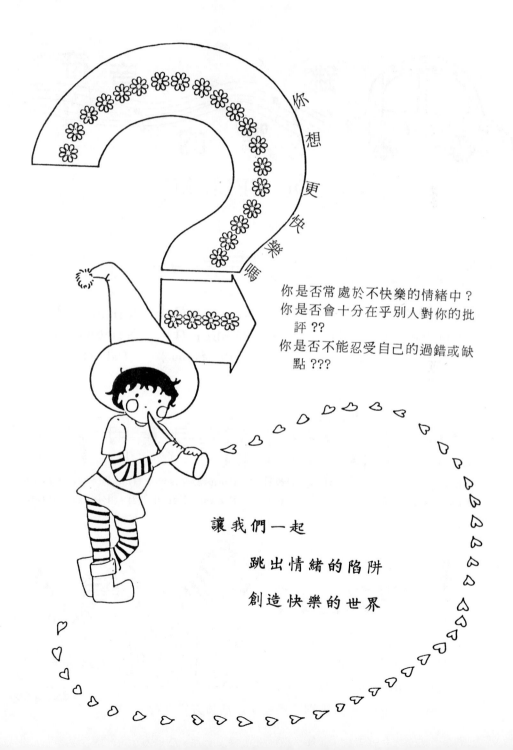

你想更快樂嗎

你是否常處於不快樂的情緒中？
你是否會十分在乎別人對你的批
評？？
你是否不能忍受自己的過錯或缺
點？？？

讓我們一起

跳出情緒的陷阱

創造快樂的世界

CAN YOU TELL ME

（「兩隻老虎」曲）

王文秀
吳麗娟　詞

| 1 | 2 | 3 | 1 | 1 | 2 | 3 | 1 | 3 | 4 | 5 | — | 3 | 4 | 5 | — |

Can you tell me　Can you tell me Number (**1**)　　Number (**1**)

I Can tell you　I Can tell you Number (**1**)　　Number (**1**)

（ all of you ）　（ all of you ）

| 5 | 6 | 5 | 4 | 3 | 1 | 5 | 6 | 5 | 4 | 3 | 1 | 1 | 5 | 1 | 0 | 1 | 5 | 1 | 0 |

What is A.B.C.　What is D&E　Please answer (1)　Please answer.

What is R E E　What is R E E　Please listen (2)　Please listen.

PS：(1) answer /ˈænsə/ 回答、答案

(2) listen /ˈlisn̩/ 聽

(3) Number 後面的數字，是可

以變換的。可爲組別或座號，以活動方式進行。

ABCDE Song

（「眞善美」曲）

王文秀 詞
吳麗娟 詞

A is an event comes to you. B is what you think of
(1)

it .　　C is your 喜怒哀樂　　D is when you ask yourself.
(2)

(emotion reaction)

E is answer to the why　　All is we call REE　　When you understand
(3)

all it .　You will live more happier oh. oh. oh ………

PS : (1) event ／ ɪˈvɛnt ／ 事件
　　(2) yourself ／ jurˈsɛlf ／ 你自己
　　(3) understand ／ ˈʌndɚˈstænd ／ 瞭解

The more we know REE

(「當我們同在一起」曲)

王文秀　詞
吳麗娟

The more we know

R EE R EE R EE. The more we know R E E

the happier　　　You needn't be the first one. You can't be liked by
we'll be.

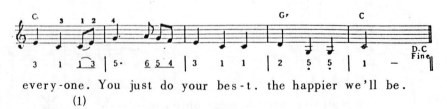

every-one. You just do your best. the happier we'll be.
(1)

PS : (1) every one₁ /ˈɛvrɪwʌn/ 每一個人

老師講古

雄雄的話

有一天，全村裏的狗都到王家倉庫聊天，這時候，王家的狗大哥雄雄站起來說：「現在該是有人挺身出來說話的時候了。我們這一群狗實在太沒用，每天都要聽主人的指揮，替他們看房子，過著單調的生活。我們應該爭取自由，去體驗新的生活。不再受主人的指使，隨心所欲地到處去漫步、探險，去經歷一切美妙的事物，和狐狸、羚羊、鹿他們一樣，遨遊天下，創造自己多采多姿的生活。」

當他說完時，狗兒們都議論紛紛，有的說：「說得對，我們舉雙手贊成。」有的則搖頭說：「一派胡言，亂講話！」有些大聲地說出他們的想法和感覺，有些則沈靜地在思考。像雄雄的母親，狗媽媽靜靜地想著：「真沒想到我兒子還挺會說話的，雖然我聽不太懂他在說什麼，也不太了解那些話的含意，但是，可以看得出來，每個人都很專心在聽他講話。」她感到很**驕傲**。

林家的狗婆婆，想了一下便大聲地說：「雄雄這孩子，實在太懂事了，他凡事都替別人著想，時常見義勇為，像這些話都是吃力不討好的，但他還是挺身而出，提醒大家

，這孩子真是太難得啦！」她由衷地**讚賞**他。

劉家的狗小弟，也大聲地嚷著：「終於有人敢說話了，我覺得這番話早該說的，勇敢的雄雄，他真是一個英雄。」他覺得很**崇拜**他。

狗伯伯在心中想：「這傲慢的小伙子，自以為了不起，這個想法我早在三十年前就已經想過了；講再多都沒用，全是高調，空談而已。」他覺得非常**無聊**。

隔壁的狗姑娘心裏想：「雄雄是我看過的狗中，最英俊、最能言善道、最聰明的狗。他的每一句話都說得很對，我好佩服他哦！」她覺得好**傾慕**、好**喜歡**他。

狗阿姨暗自嘀咕著：「搞什麼嘛！主人待我們不薄，也沒虐待我們，雄雄何必煽動大家『造反』，他只會製造麻煩而已。」她覺得**厭惡**、**反感**。

狗爺爺認為：「雄雄是個好男孩，但是他未免太天真了。現在和主人們相

處得不錯，何必自立門戶，算了！算了
！就這樣維持下去不是很好嗎？」他顯
得**冷淡**、**平和**。

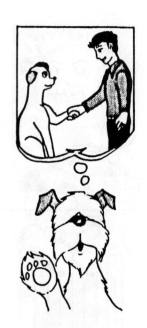

在旁邊的一些動物聽到雄雄這番話
，也有他們自己的想法。

賣狗肉的獅老板暗自快活地想：「
這隻狗真笨！想想！狗兒們四處奔跑，
我只要在旁等著，就可一隻一隻宰來賣
，以後就不愁沒狗肉了！」他覺得好**高
興**。

陳家離家出走的狗叔叔，則很興奮
地附和著：「對！對！我前幾年離開陳
家，自己在外面闖天下，現在不是一樣
過得好好的？我實在想不通，放著自由
、逍遙的日子不過，偏偏要死守一棟房
子，實在太不聰明。現在該是你們爭取
獨立、自由生活的時候了，我可以教教
你們如何獨立自處。」他覺得很**神氣**、
很**得意**。

警察貓伯伯豎著耳朵，聽完這番話
後，開始自言自語道：「這下子可糟糕
透了，狗兒們不受約束，豈不天下大亂

？他們會在馬路上到處遊蕩，橫衝直撞的，會使交通阻塞，而且遍地狗糞，臭氣沖天，整個市容必遭受很大的破壞。」他覺得很**憂慮**。

看完這段故事，你有沒有發現村裏的狗兒及其他動物們聽了雄雄所說的同樣一番話後，他們却有不同的想法和感覺，為什麼呢？請想想！你認為是什麼引起狗小弟的崇拜？狗姑娘的愛慕？警察貓伯伯的憂慮？大概很多人都會回答：「是雄雄和雄雄所說的話引起的。」再仔細地想想，這個答案對嗎？雄雄對每個人說的話都是一樣，每個人所看到、聽到的都是同樣一件事，然而，每個人的感覺和想法各不相同，由崇拜、愛慕到厭惡、反感，各種情緒都有，這是為什麼呢？

這是因為每個人對他們自己說的話都不同，而這些話──就是他們的想法──引起各種不同的感覺與情緒。例如，狗姑娘若告訴自己「雄雄只會惹麻煩，真受不了他。」她就不會產生「喜歡

」、「傾慕」的感覺，反而會覺得「討厭」了。此時雄雄所說、所做的仍相同，唯一不同的只是狗姑娘對自己所說的話改變而已。

所以，你對自己說的話——你的想法，影響你的感覺、情緒。你可以使自己快樂，也可以使自己生氣、難過，你相不相信？在本課程中對這些會有詳細的說明。

在剛才的故事中，你覺得雄雄到底是一個懂事的男孩？英雄？還是傲慢的？天真的？那些動物認為雄雄「是」怎樣的一個人，事實上，那都只是他們的意見而已。我們只能確定雄雄告訴狗兒們要追求獨立、自由的生活，他所說的話，是每個人都可聽見的事實，但每個人對他所說的話却另外加上了自己的解釋，所以覺得他「是」怎樣的人，而這純粹只是每個人主觀的意見而已。對於「事實」與「意見」之間的關係，在本課程中也有所說明。

這個課程叫做「理性——情緒」教

天真？
英雄？
懂事？
傲慢？

育課程，也就是要幫助同學培養合理的
觀念、態度，以及建立一個正確、客觀
的思考方式，並了解自己對所得到的訊
息做怎樣的解釋，若你對自己說的話是
無意義、不合理的，那就要加以改正。
這聽起來容易，但做起來就需很多的練
習，才能有成，不過，相信是值得的，
當你能有合理、正確的想法時，美好的
明天必屬於你‼

藉著「雄雄的話」告訴你本課程之
主旨，待上完所有的課程，你將會了解
得更清楚。現在就開始了‼

讀　後　感

………請跟我來

① 感覺、情緒知多少

✦冷、熱、癢……等是**生理感覺**

✦焦急、高興、害怕……等是**心理感覺**

情緒激動時
　緊張時　　　　　　　　心跳、呼吸加速
　憤怒時　　　　　　　　喉頭、嘴唇乾燥
　恐懼時　　　　　　　　肌肉強度增加
　　⋮　　　　　　　　　出汗、胃部下沉感
　　　　　　　　　　　　　　⋮

✦當我們情緒發生時，

　　不僅是「心裏」覺得而已，

　　　　外表上也會表現出來，

　　　　　　而且身體內部也有生理的變化。

情緒是………　當我們生理上或精神上受到外來刺激時，會引起我們種種的心理反應，這些反應就是情緒

情緒的分類

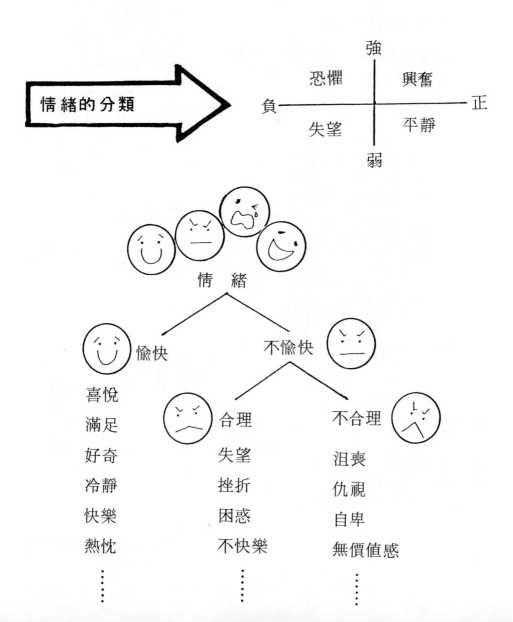

情緒的影響

對學習的影響

例如：考試時，情緒緊張，腦中一片空白，想不出答案來。

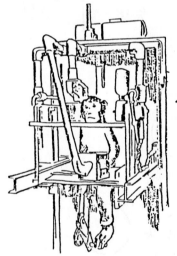

◀ 對健康的影響

例如：給予猴子電擊，使其處於長期的緊張狀態，結果造成了胃潰瘍。

對能力表現的影響

例如：演講時，因情緒緊張，忘了台詞，不知所云，影響表現▶。

對同一件事，每個人的感覺皆不同。

即使感覺相同，每個人表達感覺的方式也不同。

情緒成熟的標記

有能力積極地面對現實

有能力適應變化

有能力在緊張焦慮下保持健康

有能力領會及欣賞施比受更有福

有能力與他人建立持久，協調的關係

有能力將自己本能的敵恨阻力昇華成

　　　創造性及建設性的力量

有能力愛

威廉梅寧哲

（ 1899～1966 ）

來！來！來！大家一起動動腦做幾個題目，以了解自己對本單元知道多少。請先自己做做看，再核對後面的答案。

我能分辨嗎？

請分辨下列各題中所產生的是生理上或心理上的感覺？

1.小華不小心把椅子壓到自己的腳，他痛得叫了起來。＿＿＿＿＿

2.小娟這次月考進步了許多，她很高興。　　　　＿＿＿＿＿

3.沒有人注意到小英的新衣服，小英感到很失望。＿＿＿＿＿

4.小強被蚊子咬後，覺得全身發癢。　　　　　　＿＿＿＿＿

5.小玲說了謊，心中覺得有罪惡感。　　　　　　＿＿＿＿＿

6.小珍的哥哥用竹子打了她，小珍哭了起來。　　＿＿＿＿＿

7.小雄取笑小敏「笨瓜」，小敏哭了。　　　　　＿＿＿＿＿

8.爸媽忘了小芬的生日，小芬覺得不受人重視。　＿＿＿＿＿

答案：　1.生理　2.心理　3.心理

4.生理　5.心理　6.心理

7.心理　8.心理

◆◇◆◇◆ 我的世界 ◆◇◆◇◆

讓我們更深入地了解自己，替自己把脈，

為自己描繪出更充實、瑰麗的天空。

△△△

囘想一下，今天我學到什麼？我的心得
是什麼？對課程還有那些疑惑？請用簡
潔的文字寫下，它們不僅是你成長的過
程，也是你蛻變的痕跡。

△△△

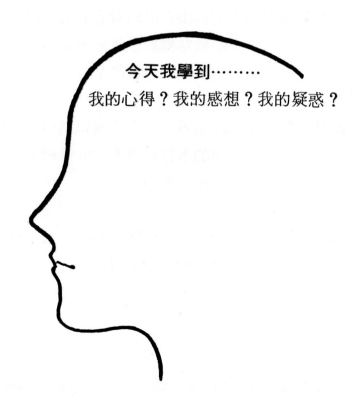

今天我學到………

我的心得？我的感想？我的疑惑？

你對自己和他人的情緒了解多少呢？
請依指示按序填在圖中空格內。

1.感 覺 知 多 少：請寫出在自己生活中所碰到過的
　　　　　　　　兩個生理及心理的痛苦經驗。

2.情　緒　與　我：請寫出情緒對自己產生影響的例
　　　　　　　　子兩個。

3.我的情緒氣象臺：請寫出自己最常有的情緒經驗，
　　　　　　　　即最常處於那些情緒之中？自己
　　　　　　　　的情緒特色爲何？

4.國際情緒氣象臺：寫出近日自己或同學們生活中發
　　　　　　　　生的事件及所產生的情緒。
　　　　　　　　（至少三項）

5.情緒困擾再見！祖傳秘方大公開：寫出自己平日解
　　　　　　　　決情緒困擾的方法。
　　　　　　　　（至少三項）

情緒氣象臺

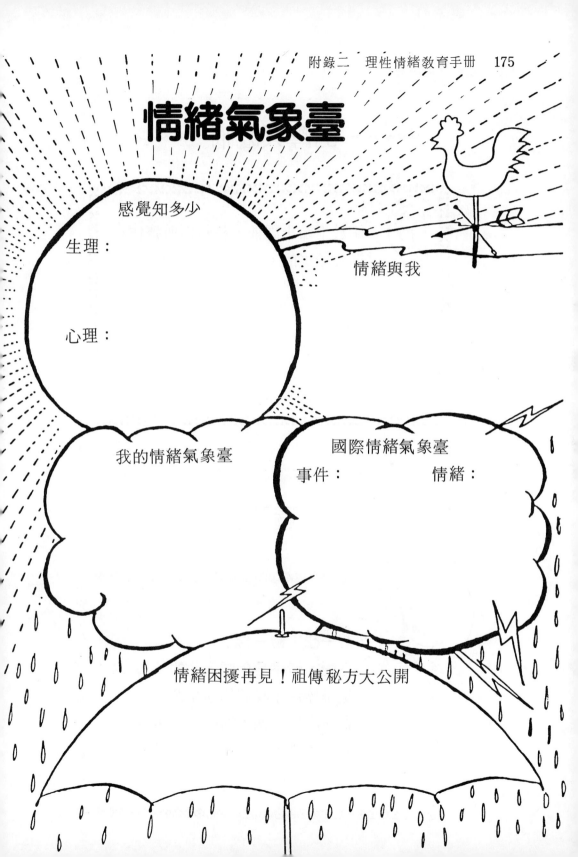

叮嚀與囑咐

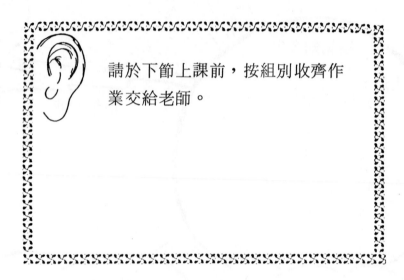

請於下節上課前，按組別收齊作業交給老師。

下週預告

想一想！猜一猜！
感覺、情緒是怎麼產生的？
是誰控制了我們的情緒？
為什麼每一個人對同一件事
的感覺都不相同呢？

⚡⚡⚡⚡ 迴　響 ⚡⚡⚡⚡

讀後感？我的建議……

⚡⚡⚡⚡ 補充閱讀 ⚡⚡⚡⚡

給情緒留一個空間

給情緒留一個空間

當你等公車等了很久，它却過站不停，你是否感到很生氣？被老師指定上台報告，你在興奮之餘是否也有幾分害怕、緊張？與父母親揮別時，是否感到心頭發酸？我們都是有血有肉的人，生活中必然有情緒激盪的時候。心理健康的人不否定自己情緒的存在，且給它一個恰當的空間。

我們所受的教育告訴我們某些情緒是不好的。例如：有修養的人不應該生氣；害怕是沒出息的；不應有嫉妒感；男孩子怎可落淚？……但是，情緒實在不能給予是非判斷。情緒固然有正負兩面，但却沒有對錯或應該不應該可言，只要我們能做它的主人，不讓它左右我們的行為，那麼它就是我們生活的一部分而已。

就情緒的特質而言：㈠情緒無謂對錯；㈡它常常是短暫的；㈢情緒可以累積也可經疏導而加速消散；㈣情緒常常與事實有差距，但是對當事人而言却是真實的，例如當一個人情緒低落時，別人眼中看來芝麻綠豆般的小事，對他而言可能真是氣得半死；㈤情緒會推動行為，我們看到一個溫文爾雅的人在公車上對人破口大罵，可以想見的是，他內心的憤怒到了相當程度，否則，這樣的公開罵街，他可能還真做不出來。

情緒既有上述特質，我們就要談到如何面對及處理它，才不致因過份壓抑而爆發。

一、對自己的心情要有所自知，而不自責。要明白自己的情緒

處於什麼狀況，而且要接納這樣的情緒（即使是不好的）
，而不自責，因爲接納了的情緒反而不會推動自己做出越
軌、衝動的行爲。若不面對，未經察覺的情緒才會在不知
不覺中推動我們做不理智的事。

二、情緒需要疏導。心情不好時，找人聊聊、寫寫日記是直接
　　的方法。讓憂鬱或憤怒經由口說筆寫宣洩出去，打打球、
　　寫寫詩往往也是間接的疏導情緒的法子。總之，要找到不
　　傷害他人又適合自己的方法來處理心頭浮起的負向情緒。

三、勿把情緒當成事實。不要對別人一時的情緒太過認眞，要
　　知道別人當你是朋友才把自己的心情與你分享，但他的心
　　情只代表他此時的感受，事實並不一定完全如此。聰明的
　　人，只要專注傾聽，不要把情緒當成事實，更不要急於探
　　取行動。例如：朋友受了委屈，向你訴苦，說××欺負他
　　，我們應先安慰他，聽他說，而不是立刻去找××算帳，
　　替朋友出氣，所以，他的心情只代表他現在是難過的，而
　　並不代表「××欺負他」一定是事實；行動之前，定要先
　　把事實眞相弄清楚，不要急於採取行動。

　　總之，對自己或別人的情緒要有容納的胸懷，准許它的存
在而不被它嚇倒。給情緒一個生存的空間，你才能更有效地創
造美好的人生。（改寫自「大學生的自我追尋」）

 誰控制我們的情緒

還記得上次學了些什麼嗎？

1.人有各種不同的情緒。

2.每一個人對事情的感覺、情緒不同，表達
方式也不同。

3.要盡量增進有益的情緒，減少過度負性的
情緒。

4.情緒的表達沒有所謂的「對」或「錯」，
但要「適當」的表現，否則易引起不必要
的困擾。

看圖說情緒

我 的 情 緒 ：_____

_____ ： 別 人 的 情 緒

我 的 想 法 ：_____

_____ ： 別 人 的 想 法

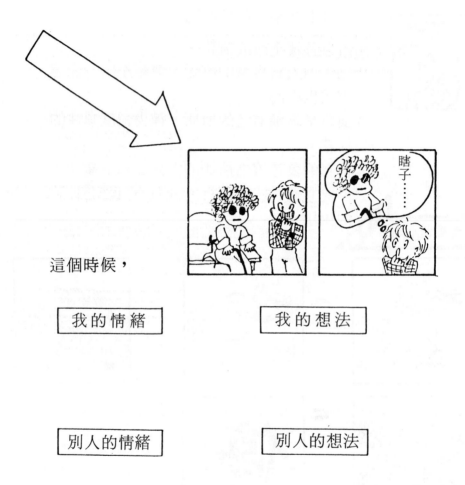

這個時候，

| 我 的 情 緒 |

| 我 的 想 法 |

| 別人的情緒 |

| 別人的想法 |

✦為何我和其他同學的情緒不同？為何我自己的情緒也發
　生了改變？那是因為：

_____

誰控制我們的情緒

這世界眞是太美好了，在這醜陋、有刺的梗上，竟能長出這麼美麗的花朵。

爲何對同一朵花他們竟然產生那麼不同的情緒？

這世界太悲慘了，一朵漂亮、美麗的花朵，竟然長在有刺的梗上。

✦他們的想法不同，引起的情緒反應也不同。

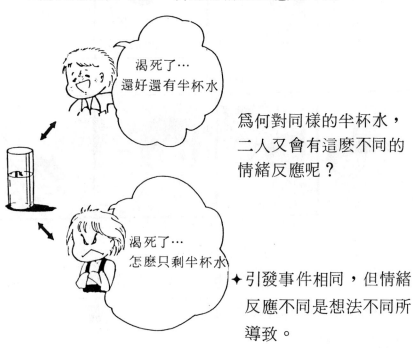

渴死了…
還好還有半杯水

爲何對同樣的半杯水，二人又會有這麼不同的情緒反應呢？

渴死了…
怎麼只剩半杯水

✦引發事件相同，但情緒反應不同是想法不同所導致。

＋影響我們的，不是事情的本身，而是我們對事情的看法。

同一件事，會有許多不同的想法，而不同想法會引起不同
的情緒反應。

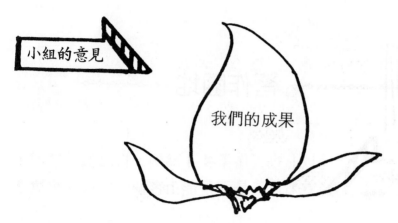

小組的意見

我們的成果

各組以「舉手發言，老師只叫別人，不叫我」為例，討論此
一事件的各種情緒與想法。

舉手發言，老師只叫別人，不叫我

B₁ ＿＿＿＿＿＿＿＿＿＿　C₁ ＿＿＿＿＿＿＿＿＿＿

B₂ ＿＿＿＿＿＿＿＿＿＿　C₂ ＿＿＿＿＿＿＿＿＿＿

B₃ ＿＿＿＿＿＿＿＿＿＿　C₃ ＿＿＿＿＿＿＿＿＿＿

B₄ ＿＿＿＿＿＿＿＿＿＿　C₄ ＿＿＿＿＿＿＿＿＿＿

B₅ ＿＿＿＿＿＿＿＿＿＿　C₅ ＿＿＿＿＿＿＿＿＿＿

習作園地

我的想法

以「每天作業多」為例，自己個別練習，看看自己是不是能由各個角度來看事情？

每　天　作　業　多

B_1 ＿＿＿＿＿＿＿＿＿＿　C_1 ＿＿＿＿＿＿＿＿

B_2 ＿＿＿＿＿＿＿＿＿＿　C_2 ＿＿＿＿＿＿＿＿

B_3 ＿＿＿＿＿＿＿＿＿＿　C_3 ＿＿＿＿＿＿＿＿

B_4 ＿＿＿＿＿＿＿＿＿＿　C_4 ＿＿＿＿＿＿＿＿

B_5 ＿＿＿＿＿＿＿＿＿＿　C_5 ＿＿＿＿＿＿＿＿

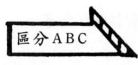

區分ABC　請將下面陳述中的事件(A)、想法(C)、情緒反應(C)區分出來（以劃線區分之）。

例如：<u>小芳因作業遲交被老師打</u>，<u>覺得很沒面子</u>，<u>感到很難過</u>。
　　　　　　(A)　　　　　　　　　(B)　　　　　　(C)

1.要上數學課，小娟覺得老師問的問題她都不會，所以她不喜歡上。

2.好難過哦！月考我竟考輸他，他一定在家拼了好幾夜，我太不用功了。

3.有一位同學離開班上，轉到其他學校，心中真是依依不捨。

答案
1.A：要上數學課
　B：小娟覺得老師問的問題她都不會
　C：她不喜歡上
2.A：月考我竟考輸他
　B：他一定在家拼了好幾夜，我不太用功
　C：好難過哦！
3.A：有一位同學離開班上，轉到其他學校
　B：無
　C：心中真是依依不捨

關鍵題　若這兩題答對了，這一課你就了解了。

㈠請問：「你可不可以（能不能夠）對同一件事有
　不同的情緒？感覺？」

㈡我們常說：「＿＿＿＿使我們快樂」，「＿＿＿＿＿＿
　把我氣死了」，想想看，空格中應該填什麼？

答案：㈠當然可能！當然能夠！如果想法不同
　　　　，情緒、感覺自然就改變。

　　　　㈡不是別人使我快樂，不是別人使我生
　　　　氣，是「我們自己」使我們快樂、悲
　　　　傷或生氣。雖然我們四周的事情會在
　　　　某些方面影響我們，讓我們容易覺得
　　　　快樂或悲傷，但事實上，是我們的「
　　　　想法」──我們對事情的解釋使我們
　　　　快樂或悲傷，只有自己才能決定自己
　　　　的情緒。

我的世界

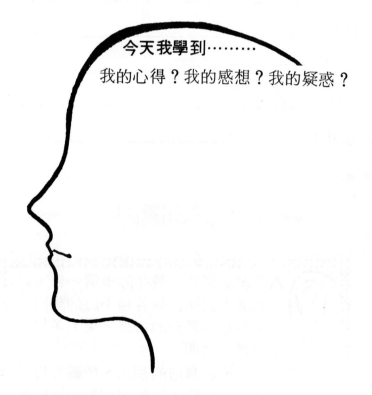

今天我學到………

我的心得？我的感想？我的疑惑？

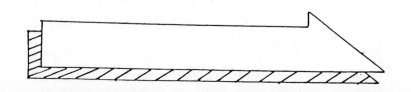

瞭望臺　　請仔細觀察四周的世界，並寫出三個事件，以及對此事件的想法及情緒。

一、事件(A)：＿＿＿＿＿＿＿＿＿＿＿＿＿＿＿

　　想法(B)：＿＿＿＿＿＿＿＿＿＿＿＿＿＿＿

　　情緒(C)：＿＿＿＿＿＿＿＿＿＿＿＿＿＿＿

二、事件(A)：＿＿＿＿＿＿＿＿＿＿＿＿＿＿＿

　　想法(B)：＿＿＿＿＿＿＿＿＿＿＿＿＿＿＿

　　情緒(C)：＿＿＿＿＿＿＿＿＿＿＿＿＿＿＿

三、事件(A)：＿＿＿＿＿＿＿＿＿＿＿＿＿＿＿

　　想法(B)：＿＿＿＿＿＿＿＿＿＿＿＿＿＿＿

　　情緒(C)：＿＿＿＿＿＿＿＿＿＿＿＿＿＿＿

叮嚀與囑咐

△各組就周遭常發生的事情一件，以正反方式演出其各種不同的想法、情緒和其導致的行為後果，並以旁白輔助說明。

△即先演出負向的想法、情緒和自我貶損的行為，再演出相對的正向想法、情緒和自我助益的行為，並闡明「換個想法，快樂自然來」的真諦。

ABC劇場

可將討論結果寫下來

我的角色？我的台詞？……

✧~✧~✧~ 下週預告 ~✧~✧~✧

~不要說等一等

但要說試一試

趕快去體會

下週來分享~

✧~✧~✧~ 迴　響 ~✧~✧~✧

****

讀後感，我的建議……

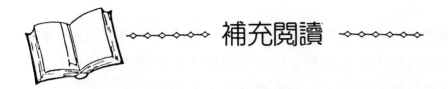

補充閱讀

快樂是：不要跟自己過不去

綏先生

　　大學畢業，綏先生勉強在一家貿易公司待了下來，不想這一待就是三年。三年中，綏先生的薪水只綏綏往上爬了一次；和他一起進公司的小陳，別說加薪加了好幾次，職位也是三級跳。綏先生暗自埋怨：「老闆真是有眼不識泰山啊！」

　　綏先生一直想換工作，可是每次總在面試之後，了無音訊。好不容易，上星期寄出的履歷表有了回音，綏先生一下班立刻趕去面談。

　　下雨天，車站的人似乎比平常多出一倍，綏先生索性鑽進計程車，偏偏中山北路堵車，不進不退。

　　「該死的中山北路！」綏先生口裏唸著。司機回頭笑說：「下雨嘛，總是這樣，早一點出門就好了……。」綏先生一肚子氣，心想：「花錢坐車還要聽訓，真倒了八輩子的霉！」

　　匆匆趕到，已經遲了整整四十分鐘。櫃台小姐告訴他，主試的經理已經回去了。綏先生重重跺腳，說：「什麼玩意兒嘛，幾分鐘也不肯等一下！」

　　「別人都不好，我最好」是跟著綏先生二十九年，分毫未變的處世觀念。

　　心理學家哈克博士（Dr. Paul Hauck）提出一個「快樂ABC」理論。他認為快不快樂，完全是由自己的想法決定。

　　哈克把 A 當成某件事情的起因，C 是那件事情的結果。例如切菜的時候不小心切到手指，刀便是 A，手指流血便是 C；因為交通阻礙而遲到，交通阻塞是 A，遲到是 C。

　　哈克認為任何物理事件都只是 A 和 C 之間的關係，但是心理感受則不然。綏先生碰到交通阻塞，心頭煩躁不安，計程車司機對於同一事件，却是心平氣和。相同的 A 導致不同的 C，哈克認為這是因為想法 B 不同所造成的。

　　對於同樣的事情，不同的想法會造成不同的情緒反應。哈克認為：「快樂的想法使你快樂，平靜的想法使你不會生氣，而你不認為可怕的事情，就永遠嚇不著你。」

　　凡是那種會讓自己不快樂，讓自己生氣，或讓自己害怕的想法，心理學家都把它稱作「非理性想法」，哈克認為這些沒有道理的想法，就是煩惱的根源。

　　大多數的人遇到不快樂的事情時，都忽略了 B（個人想法）的重要，而一心一意的想要改變事件本身(A)。綏先生在工作上不順利，他只想要換環境，却沒有想到改變自己對工作的態度及待人處事的方法。

　　法國小說家葛西尼在他的幽默名著——「淘氣的尼古拉」一書中，塑造了許多可愛的角色。其中一位功課很好，却讓大家都很討厭的小學生安烈，每當他被別人欺負的時候，就躺在地上大叫：「我真不幸，我不要活了！」

　　在我們日常生活中，常可看到類似安烈的這種反應。大家都看到別人幸運的一面，而把自己的不幸歸諸別人，却從來沒想到這些不幸可能都是自己招惹來的。

　　綏先生如果平心靜氣地把自己和小陳比較一下，他可能猛

然警覺自己爲什麼「懷才不遇」。那些「遇人不淑」的人，果真是運氣那麼不好嗎？

哈克認爲改變環境、改變運氣，乃至於改變別人，都是很不容易的事情，**當你不快樂的時候，你眞正能做到的事情只是改變你自己的想法。**

曾經有一個人在考場上總是不順利，但是今天卻在大學任教。他參加高中聯考時，名字掉在榜尾。許多人都勸他重考，但是他相信母親告訴他的一句話：「再壞的學校，也有最好的學生；再好的學校，也有最壞的學生。」一切都看自己怎麼唸，怎麼想，所以，他仍去唸了。

三年後的大學聯考，他又「不幸地」考進一個大家公認的冷門科系。大一那年暑假，他班上幾乎有一半的人去參加外校的轉學考試，申請轉系的人更是不計其數，他也曾經嘗試轉系、轉學，却都沒有成功。

抱怨與茫然伴隨他度過二年大學生活。大二那年暑假，他被拉去參與一項研究，他突然發覺自己的科系領域是那麼地有趣，一旦他全心投入之後，所有的困難都變成挑戰，連最繁瑣的工作也做起來都「身心愉快」。

我們可看到，任何困苦的環境，仍有人過得很好，安然渡過，反而那些令人羨慕的生活，却可聽到滿腹牢騷。這是什麼原因呢？你是否想過？

胡適之先生有一句名言：「要怎麼收穫，先怎麼栽。」套用哈克的 ABC 理論，或許我們可以說：「**要怎麼快樂，就怎麼想。**」（改寫自張老師月刊「六帖快樂良方」）

③ 情緒ABC

大家一起想一想，上次單元學了些什麼？

1. 是什麼控制我們的情緒？
2. 影響我們情緒的，是事情本身還是我們對它的想法？
3. 每一個人對每一件事的想法大多相同嗎？所引起的情緒也相似嗎？
4. 「每一件事情，往往都只有一個想法」你覺得對嗎？
5. 我們是否快樂，大多是由外界發生的事件所決定的嗎？

答案

1. 想法控制我們的情緒。
2. 影響我們情緒的，不是事情的本身，而是我們對它的看法。
3. 每一個人對每一件事都有不同的想法，而不同的想法引起不同的情緒。
4. 每一件事可有很多想法，我們可由不同的角度來看一件事情。
5. 快樂與否，是操之在自己手中。

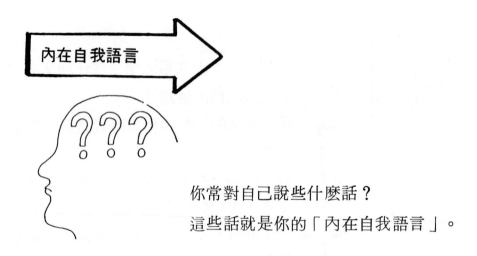

你常對自己說些什麼話？

這些話就是你的「內在自我語言」。

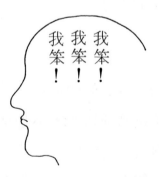

這些「內在自我語言」就是我們的想法，

換句話說，我們經常反覆告訴自己的話，

就是我們的想法。

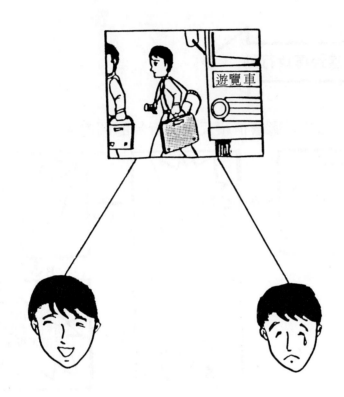

我　快　樂

因為我告訴自己：「謝天
謝地，旅遊終於結束，旅
途中一直暈吐，真是太痛
苦了。」

我　難　過

因為我告訴自己：「旅遊
和假期就結束了，這趟旅
遊太好玩了，真不想囘學
校唸書。」

✦ 你告訴自己什麼 ✦
將決定你如何感覺

想法是影響情緒反應、行為的關鍵。

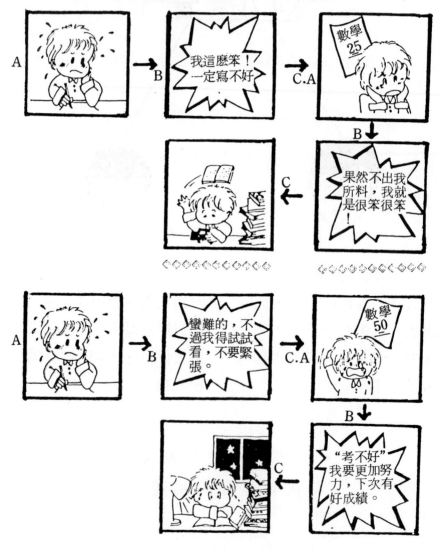

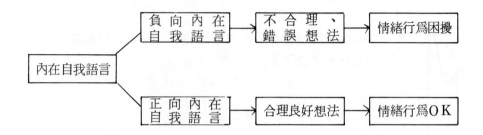

我們的生活總是受思想、觀念的左右，各種不同的想法，往往產生不同的影響。若想法不合理、不正確，則往往在憂愁、煩悶中渡日，若想法合理、正確，則可導引一喜樂、和諧的生活。

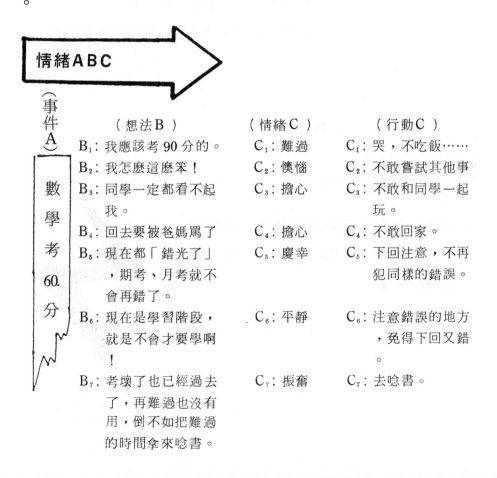

B_8：以我的能力而言，
考這分數不錯了！

C_8：高興

C_8：更有興趣唸。

哇！一件事有這麼多種想法，

你怎麼想，就怎麼感覺，

你怎麼感覺，就怎麼去做。

✦你的行動，多是跟隨你的感受而來

想法力量何其大

✦一個人內在自我說話、想法，常顯出

很大的威力，因為我們常再三地重覆

這些話。✦

老師講古

信不信由你！

＊想得通，路亦通＊

你相信將要怎樣，事實往往會發展成那樣。

　　二次大戰期間，德國納粹利用集中營的戰俘做過一個實驗：把一個戰俘的腕部血管割破，使鮮血滴在盆中，發出嘀嗒嘀嗒的聲音，此人便在滴漏聲中失血而亡，而另外一人則在旁目睹這全部的過程。然後，把這目擊者的眼睛矇上，用冰塊在他的腕部劃一下，接著以自來水滴入盆中的聲音顯示他的失血情況，經過一段相當的時間，這個俘虜，一個完全好好的人居然也死了。

◎在你日常生活中，你可否找出一個深深影響
　你的想法的例子？＿＿＿＿＿＿＿＿＿＿

＿＿＿＿＿＿＿＿＿＿＿＿＿＿＿＿＿＿

想法、情緒可改變

✦你可以改變、控制你的想法和情緒✦

如何改變情緒 ➡ 可藉由改變內在自我語言來改變情緒，亦卽，我們可藉著改變、控制我們的想法，來改變、控制我們的情緒。

仔細瞧瞧！

事情似乎並不那麼恐怖。

麻煩是自找的 ➡ 決定我們情緒的是我們自己，
不是他人

＊退一步想，海闊天空

換個想法，快樂自然來 ＊

往往讓人們難過痛苦的，不是發生事情的本身，而是我們對事
情的解釋與看法，事情本身常無所謂的好或壞，而是我們依照
自己的喜好、價值觀，加上了自己的解釋，才會產生種種無謂
的煩惱與困擾。

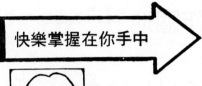

一個尋找快樂的人

　　很久很久以前，有一個人終年到頭都在找尋快樂，因為他常常悶悶不樂，所以，他下定決心，一定要找到快樂。他到處問別人：「請問，到那裏才能找到快樂？」但每一個人都搖頭，他愈找不到，他就愈不快樂，於是，他更下定決心不找到快樂絕不罷休。因此，他收拾了行李遠離家鄉，到無人的深山、海邊、山地，四處地尋覓，然而依舊找不到。最後，他終於準備要放棄了。他告訴自己：「算了，我為什麼一定要找到呢？祇要我好好做事過活，沒有快樂也不會怎樣，若能找到最好，不能找到也不是世界末日啊！我還是回去過我的日子吧！」他對自己說了這一番話後，便興高采烈地回家了。在路上，他哼著歌，吹著口哨，這個時候，他驚訝地發現自己竟然已經找到快樂了。

　　親愛的同學，你是否知道快樂是何時降臨到他身上的呢？別忘了！你可以決定自己的情緒。悲傷、沮喪時，換個想法，快樂就掌握在你手中。

內在自我語言

習作園地

生理上的痛苦往往是不由自主的，若是
心理上的痛苦，則是他自己對自己說了
一番話，而導致某情緒的產生。

請分辨下列例子，何者是個體對自己說些話所引起的痛苦？

1.小珍哭得很傷心，因為她的手被門夾住。

2.小飛哭，因為媽媽叫他早點兒上床。

3.同學未約我去郊遊，我很傷心。

4.當一隻狗在追王小弟時，他哭了。

5.當他踩到我的腳時，我哭了。

答案：

1.她並沒有告訴自己一些話。

2.他告訴自己一些話。

3.我告訴自己一些話。

4.王小弟告訴自己一些話。

5.我並沒有告訴自己一些話。

決定我們情緒的是我們自己，不是他人，下列有一些話，請將其中之含意轉述出來

例：「他讓我快瘋了」，應轉述為：

——「他做了某件事，我不喜歡，而且我想這是一件多麼可恨、悲慘的事，我覺得很受不了，很難過。」

（是你對他所做的這件事的想法，以及所加上的解釋，使你覺得快發瘋了，而不是他做的事情本身。）

1.「他使我很難過」

　　　　→

2.「弟弟老是愛拿我的東西亂丟，他讓我很生氣。」

　　　　→

答案：

1.轉述：他做了某件事，我認為這事很令人難過，所以我很難過。

　例如：他沒約我一起去玩，不是「他的行為」使我難過，而是「我覺得他沒約我，表示他沒把我當朋友看」所以難過。如果我想「友情不能以此來作為衡量的標準」時，就不會難過了。

2.轉述：不是「弟弟拿東西亂丟的動作」使我生氣，而是「我認為弟弟不該拿東西亂丟」這想法使我生氣。若「認為他還小，不懂事，愛玩就讓他玩」，這樣，就不會那麼生氣了。

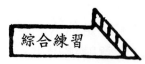 請依各題指示，將空格填滿。

事件(A)	想法(B)	情緒(C)
1.要和同學一起去郊遊	沒適當的衣服穿 不知該穿那一件？	C_1 _____ C_2 _____
2.將要月考了	B_1 _____ B_2 _____	覺得很快樂
3.把事情搞得一團糟	B_1 _____ B_2 _____	十分沮喪
4.下雨了	B_1 _____ B_2 _____	眞是糟透了
5.公車過站不停	B_1 _____ B_2 _____	很高興

 ……答案不定。

當你回答完全正確時，你已了解此課程了。

1.令別人難過的情境，你是否也會有同樣的感覺？

2.你是否能找到一個情境，會使所有的人都快樂或悲傷？使每一個人的感覺都一樣？

3.「我真被他氣死了」這句話對嗎？其中所包含的含意爲何？

答案：

1.不會，每一個人對每一事件的感覺都不同。

　例如：當小珍翻日曆，看到明天是星期一時，她變得好緊張，你也會有相同的情緒嗎？（星期一要期考，她尚未準備好，覺得好緊張，你卽使眞的也緊張，你倆緊張的程度也不同，所以每個人的情緒都不同。）

2.不能，卽使有人要謀害自己時，每個人可能都很害怕，但害怕的程度各不相同，而且也不一定都會引起負性情緒哦！可能有人會很高興，因爲他欠了許多債，正還不淸呢！

3.不對，這句話的含意是「他做了某件事，我覺得這件事不應該做。」是我自己的想法使我生氣，而不是「他的行爲」使我生氣，換上別人，可能覺得沒什麼，也不會生氣。

我的世界

 情緒曾鼓舞我們做了許多有利自己的行為，但也使我們做了一些損己的行為，試談談情緒曾帶給你的一些影響？

產生自我有益行為方面：

產生自我貶損行為方面：

 請寫出近日令你快樂、生氣、傷心、受挫或自卑的事件(A)和當時的想法(B)、情緒(C)，或所導致的行為結果。（至少二件事）

事件(A)	想法(B)	情緒	行為結果(C)
例：同學叫我綽號	我認為被叫「阿呆」是很糟糕的事。	生　氣	不理同學

1.

2.

叮嚀與囑咐

平日要多觀察自己的情緒、行為，
作業寫起來才不費力哦！

下週預告

「很討厭」你認為這是一個「事實
」，還是一個「意見」？是「主觀
」還是「客觀」？
下週讓我們一起來探尋「客觀的世
界」。

迴　響

一、這本手冊能否吸引你？

二、你是否看了手冊內容？仔細、大略、沒看？

三、你覺得作業多嗎？

四、我喜歡這本手冊，因為＿＿＿＿＿＿＿＿＿

　＿＿＿＿＿＿＿＿＿＿＿＿＿＿＿＿＿＿＿

　我不喜歡這本手冊，因為＿＿＿＿＿＿＿

　＿＿＿＿＿＿＿＿＿＿＿＿＿＿＿＿＿＿＿

五、我覺得這本手冊最需要改進之處是＿＿＿＿

　＿＿＿＿＿＿＿＿＿＿＿＿＿＿＿＿＿＿＿

　＿＿＿＿＿＿＿＿＿＿＿＿＿＿＿＿＿＿＿

註：歡迎將此意見寄至心理出版社，以供
　　作者參考，謝謝您的合作！

主觀與客觀

溫故知新 上次我們學的是：

1. 我們一直對自己說些話，這些話就會變成你我的想法，進而對行為產生影響。

2. 想法、情緒會導致自我有益、自我貶損的行為。

3. 我們可藉著改變、控制我們的想法來改變、控制我們的情緒。

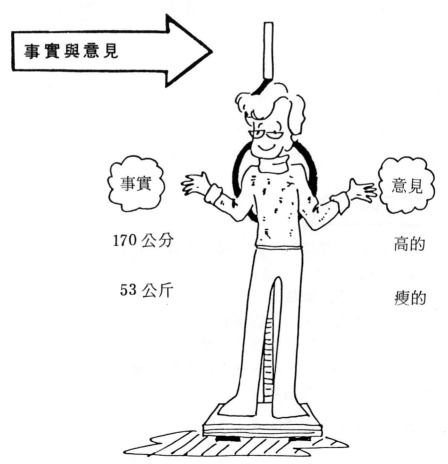

事實
穿新衣

意見
美麗的
醜陋的

＊　事實：可驗證、可觀察的陳述

意見：對某人或某事的看法、推論

我能分辨嗎？

以下陳述，若爲「事實」寫1，若爲「意見」寫2。

（　）1.貓是動物。

（　）2.我昨天看了場電影。

（　）3.臺北的人住在公寓裏。

（　）4.在臺北，有一些人住在公寓裏。

（　）5.這一課很難學。

答案：　1.(1) 2.(1) 3.(2) 4.(1) 5.(2)

「這個禮拜五，吳小娟打電話給我，邀我下個禮拜六到她家聚餐，我不太想去，所以就告訴她，我很忙不能去。後來，我去中華商場逛街時，碰到林小華，他問我要不要跟他去參加一個聚餐，我說『好』，但是因為他有急事，急著要走，所以也沒有詳談。禮拜六早上他打電話給我時，他說是在他剛認識的一位朋友家中聚餐，他一時也想不起這個朋友的名字。當我們到達他朋友家時，來開門的竟是吳小娟。」

下列陳述，若是對的，請在題目前打「○」，若是錯誤，則打「×」，如果不太確定，則「？」

（　　）1.作者是一名女子。

（　　）2.作者因為不太喜歡吳小娟，所以他藉口很忙，不去參加聚餐。

（　　）3.吳小娟準備舉辦一個盛大的聚餐。

（　　）4.作者答應了林小華的邀請，一起去參加聚餐。

（　　）5.當作者碰到林小華時，林小華正在逛街。

討論、檢討一下

（　　）6.作者很喜歡逛街。

（　　）7.因爲作者和林小華是好朋友，所以他才答應一起去
　　　　參加聚餐。

（　　）8.林小華和吳小娟剛認識不久。

（　　）9.林小華和作者一起到達吳小娟的家。

（　　）10.作者看到吳小娟時，十分驚訝，而且覺得很不好意
　　　　思。

我們常在不知不覺中做推論，是不？？

答案：

1.？　不能確定，這只是一個推論而已。

2.？　不能確定。

3.？　不能確定。

4.○　林小華約作者一起去聚餐，作者的確說
　　　「好」。

5.？　不能確定。

6.？　不能確定。

7.？　不確定。

8.？　不確定，林小華的確說過他和吳小娟剛
　　　認識，是不是事實則不得而知，因爲每
　　　個人對「認識不久」的定義不同。

9.？　不確定，文章上並未如此說，只說「當
　　　我們到達時……」，未說「一起到達」
　　　。

10.？　不確定。

主觀與客觀

主觀的意義

是指單從個人觀點或某一立場來觀看事物、評論事物的一種態度。

主觀的弊端

因為祇從一個特定的立場或觀點來看事物，因此所得的結果往往是片面的、膚淺的、偏失的、局部的；只知其一，不知其二的；像「兩面盾牌」、「瞎子摸象」的例子。

老師講古

兩位武士在同一日自相反方向來到某十字路口中的一座武士雕像下，雕像之武士，一手持槍，一手持盾，既精緻又威武。二人欣賞一陣子後，不約而同地發出讚詞。誰知………

兩面盾牌

只因他們只看一面而各據一詞，却不看另一面，
不接納別人的看法，才造成了這種紛爭、衝突。

客觀的意義　是能從每一個角度，或各種不同的觀點、立場，擺脫先入為主的觀念，去除心中的情感、慾望，來觀看、評論事物的態度。

客觀的優點：能像鏡子般地呈現原來的真實情形，可由各種不同角度觀看事物，較不致偏頗有誤。

✦客觀能呈現真實情形而不偏頗✦

客觀化原則

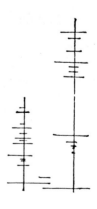

❖盡量少用「絕對」的陳述，可加上一些「條件」，才較客觀。

✦絕對式的陳述易引起爭執✦

▲我們認為是事實的，不一定永遠是事實，往往隨著外在環境
　、條件而改變，在某些條件下才是事實，陳述時多半是「視
　……情況而定」、「在某種條件、某種情形、某種觀點下，
　某事如何」。

＜例＞「現在是三點鐘」→「在我國臺灣才是三點鐘」

＜例＞「夏天天氣好」→「在南部，夏天天氣好」

　　　　　　　　　　　「夏天天氣大部分都很好」

　　　　　　　　　　　「有些地方的夏天天氣好」

　　　　　　　　　　　「有的人說夏天天氣好」

可加上去的「條件」

誰	什麼時候	在那兒	程序（what）
一些人	有時候	某些地方	一些
有人	偶而	許多地方	許多
許多人	在星期二	大部分地方	大部分
大部分的人	在中午	很少地方	一點
大多數人	不管什麼時候	在臺中	大多數
少許人	很少	在鄉下	不是很多
幾個人	通常	在地球上	幾乎沒有
不是很多人	經常	在學校	幾乎每一個
	幾乎從來不		
	幾乎總是如此		

❖凡事不以偏概全，儘量用一些具體的行爲來敍述，較爲客觀

瞎子摸象
各得其一

摸到大腿者說：
　　象如大樹
摸到尾巴者說：
　　象如巨繩
摸到鼻子者說：
　　象如大蛇
摸到耳朵者說：
　　象如樹葉
摸到腹部者說：
　　象如屋壁
摸到象牙者說：
　　象如長槍

✦不要只知道一部分，就亂下結論✦

我們在描述一個人或一件事情時，最好用一些能驗證
的具體事項來敍述，勿以一個行為來論定一個人或一
件事的價值。

＜例＞「林昱秀是好學生」→林昱秀每次作業都不遲交，
　　　　　　　　　　　　林昱秀每次都考第一名。

　　　「我好笨，什麼都不會」→我 1 ＋ 1 ＝ 2 不會。

　　　「我每次都考不好」→我這三次月考都考最後一名。

　　　「大家都說我笨」→有些人認為我不聰明。

　　　「每次他都對林昱秀特別好」→上個月和這個月，他都
　　　　　　　　　　　　　　　　　請林昱秀吃糖。

以具體事項來敍述較客觀，且行為就是行為，不要做全面的判
斷，勿以偏概全，一個行為並不代表一個人的價值。

一件事情是多面化的，人的立場、觀點互異，而且因時地
的不同亦有所改變。所以，對事物若能少用絕對陳述，儘量用
一些具體的行為來敍述，將可幫助我們把握客觀的事實，
而不致「瞎子摸象」，以偏概全了。

習作園地

以下陳述，若爲「事實」，則以 1 代表，若爲「意見」，則以 2 爲代表。

（　　）1. 豬長得很醜。

（　　）2. 臺北是一個大城市。

（　　）3. 有些人說臺北是一個大城市。

（　　）4. 六月是溫暖怡人的月份。

（　　）5. 這次月考考得很糟。

（　　）6. 在臺灣，現在是下午兩點。

（　　）7. 老師偏心。

答案：1.（ 2 ）2.（ 2 ）3.（ 1 ）

4.（ 2 ）5.（ 2 ）6.（ 1 ）

7.（ 2 ）

請將下列主觀的意見，改寫成較客觀的陳述。

＜例一＞林世華人很好→我跌倒了，林世華將我扶起來。
　　　　　　　　（用具體的行為來敍述，較客觀）

＜例二＞看電視很有趣→小華說：「看電視很有趣」
　　　　　　　在沒有考試壓力時，看電視很有趣。
　　　（不用絕對的陳述，加上一些「條件」，較為客觀）

1.月考考壞了→

2.老師偏心→

3.我好笨→

4.我很矮→

5.這一課很難學→

6.沒有人喜歡我→

此題無固定答案，只要依據「客觀化原則」，少用「絕對」的陳述，不以偏概全即可。

例如：月考考壞了→這次月考數學考 50 分。

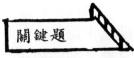

當你答對此二題，即了解了本課的內容。

1. 請問是否我們的意見都是主觀的、不好的？所以凡事最好都不要有意見。

　　答案：錯誤！意見不一定都不好，祇是我們的意見常流於主觀，而引起困擾或紛爭，宜避免；儘量採取客觀的意見。

2. 一般而言，較客觀的意見都是怎樣的形式呢？

　　答案：較客觀的意見都是以事實為基礎，並能由不同的角度來看事情，而且儘量不用「絕對化」的陳述，也不以偏概全，多以一些具體行為來敍述。

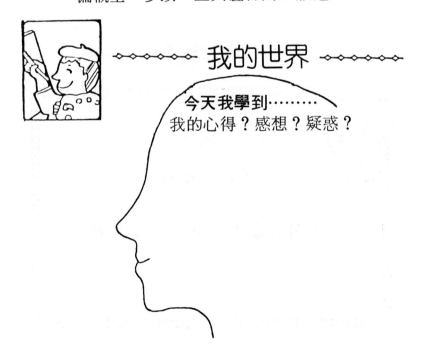

我的世界

今天我學到……

我的心得？感想？疑惑？

注意！請開始觀察自己的陳述、意見，是否是以事實為基礎？是否具體？請將最近你做的事或使你傷心、沮喪、難過的事，客觀的寫出來，並把你對它的意見、想法寫在旁邊。

事實   意見

1.

2.

3.

─────◆ 叮嚀與囑咐 ◆─────

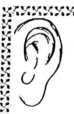

大家一起來歡唱

下週別忘了帶第一單元手冊

下週預告

有些不合理的想法，常易引起我

們的困擾，你知道是那些嗎？

下週一起探尋「非理性的世界」

，便可得知。

迴　響

＊＊＊＊＊＊＊＊＊＊＊＊＊＊＊＊＊＊＊＊＊＊＊＊＊＊＊＊＊

讀後感，我的建議……

非理性的世界

溫故知新 上一單元中，我們學的是：

1.事實：可觀察、可驗證的陳述。

意見：是我們的看法、推論。

2.避免過於主觀的意見，要「客觀化」，儘量
以事實為基礎。

3.客觀化的原則：儘量不做絕對的陳述，亦不
以偏概全，多以具體行為來描述。

非理性想法易引起負向情緒反應，造成困擾。

　　　　　藉著理性思考方式
期望能　去除非理性想法
　　　　　建立合理的想法

步　向　**快樂人生**

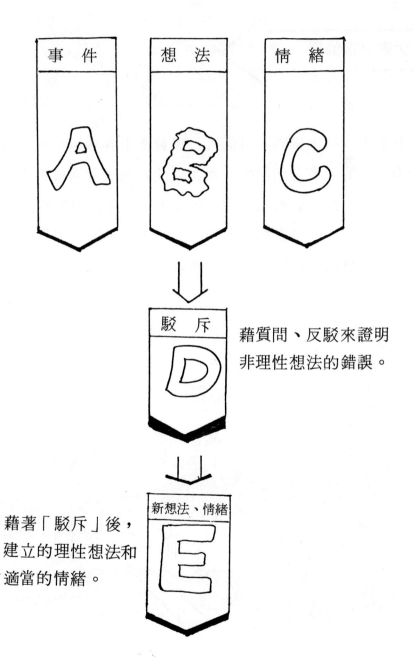

藉質問、反駁來證明
非理性想法的錯誤。

藉著「駁斥」後，
建立的理性想法和
適當的情緒。

大家來當偵探

當我們有情緒困擾時，每個人心裏會產生許多想法，這些想法中有理性的，有非理性的，而非理性的想法常造成不愉快，影響我們的生活。若要去除情緒困擾，就必須去分辨自己的想法，那些是理性的？那些是非理性的？因此，讓我們做位偵探，檢查一下自己的想法，是否存在著非理性想法？來！趕快找找看!!

理性和非理性想法

理性

能符合現實、客觀、合理、合邏輯的想法。

<例>人非聖賢，總會有犯錯的時候。

不合理、缺乏清楚思考，易引起負向情緒的荒謬想法。

<例>世界上沒有一個人喜歡我。

非理性

非理性的世界　兩種類型的非理性想法的介紹

有許多想法會
引起困擾、不愉快
的負向情緒，大致上我
們可分成兩種基本類型的非
理性想法，當然，這兩種類型想
法無法包括所有引起困擾的想法，但
是大概已包含了絕大部分的非理性想法。

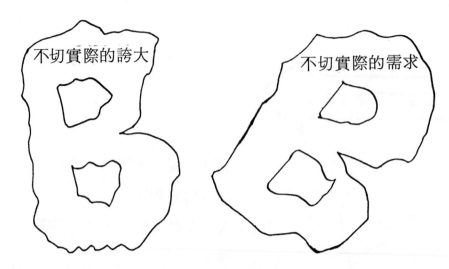

有一些關鍵字常和非理性想法聯結在一起，可作爲尋找非理性想法的線索。

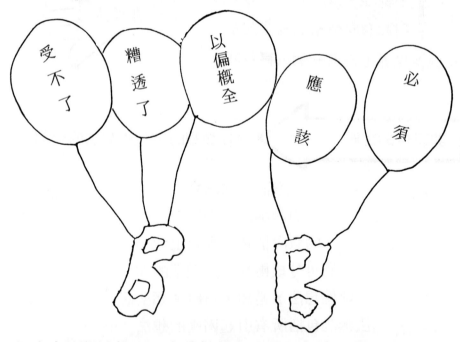

用來表達想法的字，有助於檢查自己的想法是理性或非理性。如果偵察到關鍵字時，便可知非理性想法卽將出現，需小心謹愼。

誇大——受不了

1. 這種人期盼生活安適，受不了一點小挫折，或是當他仍能忍受挫折時，却常誇大地認爲自己受不了，無法忍受工作或考試時所碰到的不舒服、不愉快的感覺。

2. 這種想法常使人有過度的情緒反應，造成焦慮，無法靜下來謀求解決之道。

3. 例如：「我受不了媽媽的嘮叨」、「我受不了同學的譏笑」、「我受不了功課那麼多」，事實上，還不都忍受下來。

4. 有些事的確令我們很不舒服，但還不致於到「受不了」的地步，有許多事我們原認爲受不了，但仍都忍受了。所以人是有彈性的，很少有事眞令我們「受不了」。

誇大——糟透了，可怕極了

1. 把事情看得十分嚴重，把小的困擾、悲傷變成大災難，凡事悲劇化，覺得一切很糟糕。

2. 如此，易使生活充滿痛苦、不愉快，無法過正常生活。

3. 例如：「老師罵我，在同學面前丟臉是很糟糕的事」、「被老師叫起來不會回答是很糟的事」。

4. 「退一步想，海濶天空」是送給這類人的至理名言，世界上沒有什麼事情是糟「透」的，凡事再糟，也非世界末日，我們還是得繼續生活下去，何不好好謀求快樂生存之道，而不要整天在痛苦中度日。

誇大──以偏概全

1. 常以一件事的結果來論斷或推論自己與別人。

2. 覺得自己或別人很差，不是認為自己不好，就是認為別人不好。

3. 例如：「我不會打排球，我什麼都不會做，什麼都做不好」、「我永遠都不受人歡迎」、「小弟最差勁了，都不聽我的話」、「我恨王小英，橡皮擦都捨不得借一下」。

4. 人不可能全錯，仍有其優點存在；即使自己或他人錯了，我們罵之、恨之，也於事無補啊！一件事、一個行為並不代表一個人，不能以此來論斷他。而一個人不喜歡你，也並不代表所有人不喜歡你。

不切實際的需求——應該、必須、一定

1. 常把一些「希望」、「願望」變成非要達到的「要求」，或認為事情非要順其意，否則會很不舒服。例如我每科都要比別人好；當天下雨時，認為它不該下。

2. 若不能達到「要求」，往往會產生焦慮或覺得自己沒有用，有自卑感，故常逃避自己認為會失敗的活動，強迫自己所做的事情都能成功。

3. 釐訂目標，做為努力的方向是很好的，若要自己一定達成，造成負擔，則是不合理的。若要求的事是事實，例：我們應該常洗澡、認真上課等則可；但要求別人也應該如何就不合理了。我們沒有理由要求別人非要照自己喜歡的方式去做。

1. 並非這些表達的字本身引起困擾，而是這些字句後所隱藏的意義和態度所引起的。

2. 這些字可能是非理性想法的關鍵所在，但仍要注意它們是否真的和非理性想法有關聯。

   每個人有獨特的表達方式，同樣的字，每個人表達的意義却不同。所以，有些人只是不經意地使用，或當口頭禪說說而已，並未造成任何不愉快，像這樣，便與非理性想法無關。

3. 常引起極端負向情緒與困擾的想法、字句才是非理性的。

上述表達非理性想法的字句，是根據專家的經驗，提出供大家參考。每個人亦可根據自己的習慣和經驗，找出引起自己困擾的字句。

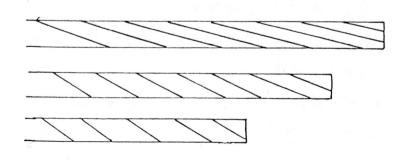

 ⟶◆⟶ 習作園地 ◆⟶

下列這些句子分別是屬於那一類型的
非理性想法？

_____(1)當同學不再喜歡我時，是很糟糕的。

_____(2)我受不了他那愛表現的樣子。

_____(3)老師不應祇叫好同學發言。

_____(4)我受不了老師的嘮叨。

_____(5)爸媽不答應帶我去玩，實在很過分。

_____(6)弟弟將我的簿子撕了，真氣人，這是不得了的事
，明天我怎麼辦？

_____(7)小學到現在，考試都考不好，不是讀書的料，我
真是一點用也沒有。

_____(8)陳小琪說要帶笛子來借我，怎麼沒帶來呢？太過
份了，她怎麼可以這樣子？

_____(9)煩死了，這幾天常常下雨，下不完的雨，怎麼囘
事嘛！真討厭。

_____(10)這次又輸張大明，氣死我了，我應該贏他的，我
怎麼可以輸他呢？

答案：

1.誇大——糟透了

2.誇大——受不了

3.不切實際的要求——不順其意；應該

4.誇大——受不了

5.不切實際的要求——不順其意

6.誇大——糟透了

7.誇大——以偏概全

8.不切實際的要求——不順其意

9.不切實際的要求——不順其意

10.不切實際的要求——應該

 　若答對此題，本單元你就過關了。

請問有「受不了」、「糟透了」、「永遠都……」、「不應該」的字眼時，都是非理性想法嗎？

答案：不一定，有些人是口頭禪。視這些想法是否引起負向情緒反應，造成困擾而定，並非這些字眼出現即是非理性。

我的非理性世界　試以下列關鍵語完成句子，來敍述自己的
非理性想法：

1.我應該＿＿＿＿＿＿＿＿＿＿＿＿＿＿＿＿＿＿＿＿＿＿

2.他不該＿＿＿＿＿＿＿＿＿＿＿＿＿＿＿＿＿＿＿＿＿＿

3.我受不了＿＿＿＿＿＿＿＿＿＿＿＿＿＿＿＿＿＿＿＿＿

4.我永遠都不＿＿＿＿＿＿＿＿＿＿＿＿＿＿＿＿＿＿＿＿

5.我永遠＿＿＿＿＿＿＿＿＿＿＿＿＿＿＿＿＿＿＿＿＿＿

◇◇◇◇◇ 叮嚀與囑咐 ◇◇◇◇◇

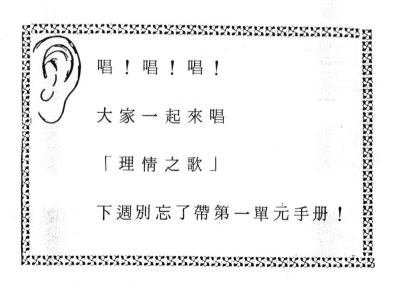

唱！唱！唱！

大家一起來唱

「理情之歌」

下週別忘了帶第一單元手冊！

下週預告

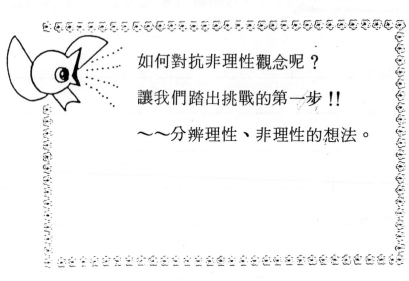

如何對抗非理性觀念呢？

讓我們踏出挑戰的第一步！！

～～分辨理性、非理性的想法。

迴　　響

```
***************************************
*   讀後感，我的建議………                      *
*                                            *
*                                            *
*                                            *
*                                            *
*                                            *
*                                            *
*                                            *
*                                            *
*                                            *
*                                            *
*                                            *
*                                            *
***************************************
```

 ━━◆━◆━ 補充閱讀 ━◆━◆━━

別生氣、別擔心

「阿玲整天都不高興，因爲弟弟昨晚打翻茶杯，把她的書弄濕了」。我們很容易認爲弟弟把書弄濕使阿玲煩悶；事實上如果再進一步探討，我們可發現阿玲可能告訴自己類似下列的話：「我無法忍受這種事發生，眞是糟透了！弟弟怎麼可以這樣，太可惡了。」一個人如果沒有反覆的告訴自己某些想法、某些話，不好的情緒即使產生，也不可能持久。

心理學家艾里斯，發現常存於一般人想法中的非理性觀念有十種，現提出於後，供各位同學參考、檢討。

非理性觀念之一：「我應該得到四周每一個人的喜愛與讚許。」

每一個人都有自己特別的、不同的口味，所以，「被大家讚美、喜愛」是絕不可能達到的目標。若心中有此觀念，勢必將大部分的時間、精力花在如何獲得別人的喜歡上，卽使被人稱讚，又擔心被人喜愛的程度有多少？更會擔心這些讚許能持續多久？整個人會沒有安全感，而成爲自毀前途的人。

惟有眞正愛自己，不疑神疑鬼求諸於人，才會肯定自我，而被別人所接受。

非理性觀念之二：「一個人必需非常能幹、完美，且在各方面都有成就，這樣才是有價值的人。」

「月考數學我想要考九十分，我必需要考九十分！我一定

要考到九十分！考不到的話，我就太差勁了，是個沒有用的人，完全沒有價值了。」

　　一個人努力充實自己，希望自己能幹、成功是非常正常的；但是完全以分數作為自我肯定的標準，考試考不好就覺得自己沒價值而增加自卑感，變得怕考試、怕犯錯、怕失敗、患得患失，就更不易達到自己想要的目標了。

　　非理性觀念之三：「有些人不好，邪惡卑鄙，他們是壞人，應該受到嚴厲的責備與懲罰。」

　　雖然我們應該對自己所做的事負責，但是人是不免會犯錯的，「錯誤」或「不道德」的行為是個人愚笨、無知或情緒困擾的結果。

　　當某些人犯錯時，我們可以這樣想：「他們做了不對的行為，可能的話，我盡量引導他們不再犯同樣的錯誤。」不要抱持著完美主義，把價值觀念絕對化，以自己的優越感嚴厲的譴責他人、否定他人。

　　非理性觀念之四：「事情都應該是自己所喜歡或期待的樣子，假如事情不是自己所期待或所喜歡的就很糟。」

　　約好禮拜天去郊遊，計畫了許久，一起床却發現烏雲滿天，下著大雨，心情壞透了，整天做事都提不起勁來。

　　人一般都不喜歡不理想的情況，可是如果遇上了，就認為「天應該不要下雨，老天專和我作對」，因此，感到十分苦惱煩悶，這就非理性了。

　　「世上不如意者，十常八九」，苦惱並不會使事情變好，我們應想辦法去努力改善現況，如果不可能改善，我們應學習去接受事實。

　　把慾望的滿足視為通往幸福大道的人，才會把期待的受挫，視為可怕的災禍。

　　非理性觀念之五：「人的不快樂是外在因素所引起的，一個人很難控制自己的憂傷和煩悶。」

　　「阿花嫉妒我，背後老說我壞話，使我又氣又悶，快受不了要發瘋了。」事實上，外界事件對一個人不會產生任何損害，自己對「別人的批評」的態度和看法，才會使自己受到傷害。

　　我們不愉快的情緒是自己的想法和內化句子（即自己重複告訴自己的一些話）所組成，只要能練習改變想法，控制情緒，我們便不會再認為憂煩是外界加到自己身上的。

　　非理性觀念之六：「對可怕危險的事，我們必需非常關心，應該時時刻刻憂慮它可能會發生。」

　　「火災太恐怖了，家中萬一失火就慘了。」「街上交通好亂，弟弟會不會發生車禍？」「爸爸血壓高，會不會中風？」

　　聰明的人應該知道災禍並不因他焦急就不前來，相反的，憂慮不安只會使人失去客觀，更無法有效處理危險。

　　考慮到「危險事情發生的可能性，並計畫如何加以避免？萬一發生時該如何減低其後果？」此係明智之舉。但此卻與擔憂害怕、焦慮不安有所不同。擔憂只會使人感到更難過，不會有什麼益處。

　　非理性觀念之七：「逃避困難或規避責任，要比面對它們容易。」

　　「明天要考五科；嘿！我請假，反正在家可慢慢讀。」「今年我大概考不上，算了！不拼了！補習一年，明年再重考。

」「班上好吵，那幾個大個兒又兒，我這風紀股長也管不了，乾脆不理他們，我自己不鬧看書就好。」

採取這種觀念的人，在決定逃避時，可能會感到片刻的輕鬆，但是只注意到一時的舒適，忽視了長遠的考慮，非但無法解決問題，反會帶來更多的困擾。

有理智的人，會不帶怨言的處理該做的事，他會發現「自信心」是在眞正做事中培養出來的。

非理性觀念之八：「一個人必需依賴他人，且必須有一個強者爲靠山。」

「媽媽昨天沒把球鞋放進書包，害我上體育課時被罰。」「這課老師沒教就考，所以我考不好。」

雖然我們必需分工合作互相依賴，但是太依賴別人會使一個人缺乏主見，喪失獨立，易感到無助而焦慮不安。

有理智的人，在情況需要時雖也會向他人求助，但他著重於追求獨立及自助。凡事自己獨立嘗試，雖偶爾會失敗，但失敗並不是可怕的災禍，「失敗爲成功之母」，偶爾犯犯錯，其實也壞不到那裏，可得到一些經驗啊！

非理性觀念之九：「一個人的過去經驗和歷史是對他目前行爲極重要的決定因素，過去的影響永不消失。」

「我以前就是這樣，改不了啦！」「我遺傳了爸爸的壞脾氣，沒辦法改了。」

有些人認爲他們的性格、習慣和行爲模式，是受過去的影響，無法改變。他們經常把「沒辦法」掛在口中，是眞的沒辦法嗎？事實上是「很困難」，但不是「不可能」，只是他們不肯用腦罷了。這些人把責任推給過去，不願對現在負責，不肯

做任何努力，因循苟且固步自封，故常表現出適應不良的現象。

　　非理性觀念之十：「一個人碰到種種問題，都應該找到一個完善正確的答案，否則那將是糟透的事情。」

　　「真不知如何是好？我沒辦法決定！」「小林動作好慢，考慮去那家買書，都要想半個小時。」

　　很多人相信「問題必有一個完善的解決途徑」，他們自認為凡事皆須完善美好，他們總是活在一個不肯定又不完美的世界中。可是就我們所知，這個世界並沒有確定、完善、絕對的事。「求絕對的完善」會使人不切實際，放棄一個實際可行但不完善的方案；而期待一個完美的答案一舉成功，只會使人一再拖延而問題仍未解決。

　　上述十個非理性觀念，似是而非，均與現實不符。存有這些觀念的人，容易發生情緒困擾，常覺得心情不舒暢，工作無效率，有罪惡感，不幸福。倘若一個人能除去所有的非理性觀念，他會比較容易的獲得工作效率，快樂的生活與愉快的情緒。

　　最後，希望同學每天對自己說三遍：

　　「我雖然有某些缺點，但也有一些優點；我的優點是：1.………，2.………，3.………，………n……。」

　　不要對自己說：「我的個性已被我的過去所決定……。」

　　而要告訴自己：「我的個性、我的情緒……是在自己的掌握裏。」

挑戰的第一步
——分辨理性或非理性想法

溫故知新

上次的課程中，我們了解到：

1.我們可以藉著改變，控制自己的想法來改變自己的情緒。可以「自助」，自己使自己快樂。

2.我們要建立理性的想法，去除非理性想法，如此則可使快樂操在自己手中。

3.理性的想法都是符合事實、合理、合邏輯的想法，非理性的想法都是不合理、荒謬的想法。

4.大致上可歸納爲兩種類型的非理性想法。

非理性觀念線索 ➡

讓我們更進一步具體地了解、複習這些非理性觀念線索。它也許就藏在我們四周，你是否也常說這些話呢？

我**喜歡**如此 ➡ 我**應該**如此。

1. 我**喜歡**別人讚美我 → 我**應該**得到別人的讚美

　，否則好難過；老師、同學若只讚美別人，

　沒讚美我，心中就很不是滋味兒。

很難 ➡ 沒有辦法

2. 要我五點起床**很難**哩！→ 我**沒有辦法**在五點
起床。認定自己一定沒辦法做，就不會想嘗
試，喪失許多成長的機會。

也許 ➡ 一定

3. 我體育方面**也許**較弱→我的體育**一定**都很差
　。怎麼能以「接不到球」一件事來全面否定
　整個的體育能力呢？

有時候 ➡ 總是

4. **有時候**媽媽會罵我→媽媽**總是**罵我。

　我們常將事情誇大，例如：有時運氣不佳，

被踩到腳或潑到水，我們則會誇大的想「怎

麼『每次』倒霉的事都發生在我身上」。

某些 ➡ 所有

5. **有些**同學不太喜歡我 → **所有**的同學都不喜歡
　　我。一些人不喜歡我,並不代表所有的人都
　　不喜歡我。

失望、可惜 ➡ 糟透了、完蛋了

6. 這次月考沒考前十名 $\left.\begin{array}{l}\text{好 可惜}\\\text{好 失望}\end{array}\right.$ → 真要命，好糟

啊！這次沒考前十名，真不想唸了。

我 表 現 不 好 ➡ 我 不 好

7. 這次數學考壞了，**表現不好**→自己好笨、好

差勁，覺得**我不好**。

一個行為並不代表這個人的全部。

我煩惱、生氣 ➡ 他使我煩惱、生氣

8.弟弟弄亂我書桌，**我很生氣** → 弟弟**使我生氣**

影響我們情緒的，不是事情的本身，而是我們對它的
看法。事實上，不是「弟弟弄亂書桌」這件事使我生
氣，而是我對這件事的看法：「認為弟弟不應該這樣
」讓我生氣的。

到目前為止 ➡ 必然永遠如此

9. **到目前為止**，我英文不太好→我英文**永遠**都
不行，**永遠**比不上別人。

許多人有這種想法➡這種想法必定正確

10. **許多人**認爲數學很難→這種想法**必定**是**正確**

的，數學一定很難。

不喜歡 ➡ 受不了

11.我**不喜歡**每天寫那麼多作業→我**受不了**天天寫那麼
　　多作業。事實上還是承擔下來了，一直告訴自己「
　　受不了」，只會使自己更痛苦、更焦慮而已，何不
　　想想法子面對它，使它不再這麼令人「憎惡」。

想想看

以上八個非理性觀念線索背後所隱藏的非理性想法是屬於那一類型呢？你是否能分辨？讓我們來複習一下。

答案：

1.不切實際的要求　（應該）

2.誇大　（以偏概全）

3.誇大　（以偏概全）

4.誇大　（以偏概全）

5.誇大　（以偏概全）

6.誇大　（糟透了）

7.誇大　（以偏概全，我不好）

8.誇大　（以偏概全，他不好）

9.誇大　（以偏概全）

10.誇大　（以偏概全）

11.誇大　（受不了）

※ {
理　性　的　想　法：符合事實、合理、合邏輯。

非理性的想法：不合理、荒謬。
}

若要分辨此二者，我們可以依循以下的一些原則。

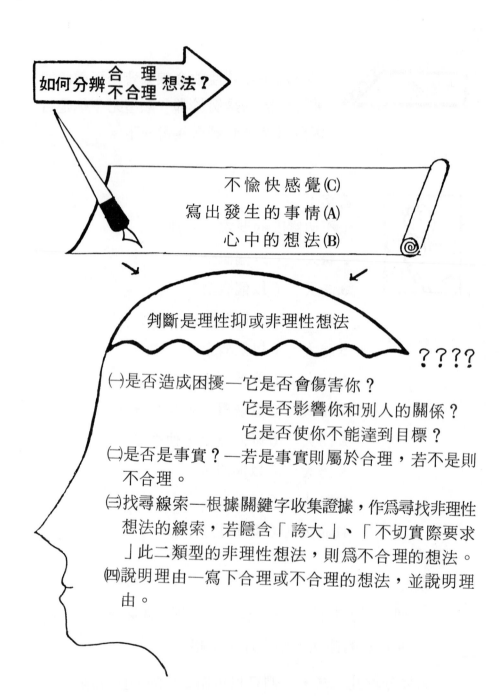

如何分辨 合 理 想法？
不合理

不愉快感覺(C)
寫出發生的事情(A)
心中的想法(B)

判斷是理性抑或非理性想法

？？？？

㈠是否造成困擾─它是否會傷害你？
　　　　　　　它是否影響你和別人的關係？
　　　　　　　它是否使你不能達到目標？

㈡是否是事實？─若是事實則屬於合理，若不是則
　不合理。

㈢找尋線索─根據關鍵字收集證據，作為尋找非理性
　想法的線索，若隱含「誇大」、「不切實際要求
　」此二類型的非理性想法，則為不合理的想法。

㈣說明理由─寫下合理或不合理的想法，並說明理
　由。

 你會分辨嗎？　下列想法，何者是理性的？何者是非理性的？請在空格內填上適當的答案。

(一) 球賽因雨取消

_____B_1：太可惜了！球賽被取消蠻令人失　C_1：失望
　　　　　　　望的，因爲我好想打。

_____B_2：爲何這事「總是」發生在我身上　C_2：生氣
　　　　　　　，天氣本來「應該」是大晴天的　　　沮喪
　　　　　　　，我實在「受不了」這鬼天氣。

 答案

B_1：理性的想法
　　接受了慾望受挫的事實，
　　有適當的情緒反應——失望。
　　能了解事實——暴風雨是自然的，無
　　法阻擋的，怨它也沒用。

B_2：非理性想法
　　包括了誇大（「總是」、「受不了」
　　）、不切實際的需求（「應該」）兩
　　種類型非理性想法。
　　誇大了事情發生的次數，「二、三次
　　」不等於「總是」，而且他認爲「不
　　應該」受挫，天不該下雨，此乃不切
　　實際的想法。

(二) 我心愛的小狗遺失時

_____B_1：我想那隻狗一定凶多吉少。　　　　C_1：絕望
　　　　　　　　　　　　　　　　　　　　　　悲傷

_____B₂：我永遠不可能再養狗了。　　　　C₂：絕望
　　　　　　　　　　　　　　　　　　　　　　　　悲傷

_____B₃：我好喜歡那隻狗，現在不見了，　　C₃：難過
　　　　　真悲哀！

 答案

B₁：非理性想法
　　把事情「嚴重化」、「悲觀化」，事
　　實上並未到那種地步。
B₂：非理性想法
　　誇大事情，「永遠」不養狗尚言之過
　　早，遺失小狗不等於永遠不養狗。
B₃：理性的想法
　　針對事情有感而發，有適當的情緒反
　　應，不做誇大的描述。

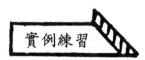 實例練習

A：「老師要我參加演講比賽」

C：緊張、害怕、焦慮

B₁：_____（此想法是理性或非理性的？）

B₂：_____（此想法是理性或非理性的？）

B₃：_____（此想法是理性或非理性的？）

實例解析

A：「小英參加演講比賽」

C：緊張、害怕、焦慮

※是什麼導致她感到緊張、害怕？

➡ 想法

▲她在想些什麼？到底對自己說了些什麼？

　　　我必須表現得很好。

　　　萬一講不好怎麼辦？

　　　講不好，會被同學笑。

　　　講不好，沒面子。

　　　沒得名次，沒面子。

　　　第一次上臺，不知會不會失常？

　　　假如我表現不好，我就是沒用的人。

　　　　　　　　　⋮

▲她要怎麼想，才能使自己好過些？

　　　講不好就講不好，第一次嘛！

　　　笑就讓他們笑，反正也少不了一塊肉。

※是什麼想法幫助她獲得平靜、理性的情緒？

　　➡ REE

※讓我們當偵探，找尋線索，進一步探究小英心中想的是
　什麼？

　「萬一講不好，怎麼辦？」$\xrightarrow{\text{隱藏意義}}$「怕講不好，被笑」

　　　　　　　　　　　　　$\xrightarrow{\text{深一層意義}}$「怕講不好，被笑，
　　　　　　　　　　　　　　　　　　這是很糟的」

　「第一次上臺，會不會失常？」$\xrightarrow{\text{隱藏意義}}$「怕講不好，沒
　　　　　　　　　　　　　　　　　　面子」

　　　　　　　　　　　　　$\xrightarrow{\text{深一層意義}}$「講不好，說錯
　　　　　　　　　　　　　　　　　話，沒面子，我不能
　　　　　　　　　　　　　　　　　忍受這種情形」

※根據分辨理性、非理性想法的原則，來判斷這想法是理性
　或非理性？

　　我將會犯錯，而且這會很糟糕（非理性、誇大）
　　其他同學會笑，我不能忍受　（非理性、誇大）

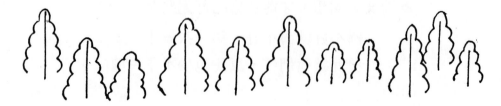

各組討論　討論下列事件可能會產生的各種想法(B)與情緒(C)，想法中需包括理性的（rB）和非理性的（iB）想法。

（請勾選）

小華生日宴會未請我

B_1：＿＿＿＿＿＿＿（rB 或 iB）C_1：＿＿＿＿＿＿

B_2：＿＿＿＿＿＿＿（rB 或 iB）C_2：＿＿＿＿＿＿

B_3：＿＿＿＿＿＿＿（rB 或 iB）C_3：＿＿＿＿＿＿

B_4：＿＿＿＿＿＿＿（rB 或 iB）C_4：＿＿＿＿＿＿

我數學考壞了

B_1：＿＿＿＿＿＿＿（rB 或 iB）C_1：＿＿＿＿＿＿

B_2：＿＿＿＿＿＿＿（rB 或 iB）C_2：＿＿＿＿＿＿

B_3：＿＿＿＿＿＿＿（rB 或 iB）C_3：＿＿＿＿＿＿

B_4：＿＿＿＿＿＿＿（rB 或 iB）C_4：＿＿＿＿＿＿

常取笑我，叫我綽號

B_1：＿＿＿＿＿＿＿（rB 或 iB）C_1：＿＿＿＿＿＿

B_2：＿＿＿＿＿＿＿（rB 或 iB）C_2：＿＿＿＿＿＿

B_3：＿＿＿＿＿＿＿（rB 或 iB）C_3：＿＿＿＿＿＿

B_4：＿＿＿＿＿＿＿（rB 或 iB）C_4：＿＿＿＿＿＿

——◇—◆—◇—◆—◇— 習作園地 —◇—◆—◇—◆—◇—

想一想 請用非理性想法的關鍵字（受不了、應該、必須、糟透了、沒有價值、……）寫出三個非理性想法的例子。

事件	非理性想法	情緒
A_1＿＿＿＿＿＿	iB_1＿＿＿＿＿＿	C_1＿＿＿＿＿＿
A_2＿＿＿＿＿＿	iB_2＿＿＿＿＿＿	C_2＿＿＿＿＿＿
A_3＿＿＿＿＿＿	iB_3＿＿＿＿＿＿	C_3＿＿＿＿＿＿

關鍵題

看看自己是否能答對此一關鍵題。

請問你如何來辨別這想法是理性的或非理性的？

答案：

1.偵察是否有非理性線索可循。

2.按 268 頁的步驟。

 ◆◇◆◇◆◇◆ 我的世界 ◇◆◇◆◇◆◇

今天我學到⋯⋯⋯
我的心得？我的感想？我的疑惑？

瞭望臺

在這一週中，是否有遇到一些不如意、不愉快、沮喪、難過、生氣、受挫折的事件呢？寫下此一事件和當時的想法(B)、情緒(C)，並剖析自己的想法，是理性的（rB）還是非理性的（iB）？請說明理由。

事　件（rB 或 iB）

B_1 _____　　C_1 _____

_____理由_____

B_2 _____　　C_2 _____

_____理由_____

B_3 _____　　C_3 _____

_____理由_____

叮嚀與囑咐

下週進行「偵探大賽」，看你是否正確的偵查出理性或非理性想法？

1. 兩組同學表演易引起困擾的事件一則，和其各種的理性、非理性想法和情緒。

2. 各組選出一位「偵探」，並替其裝扮成偵探狀（可戴墨鏡、穿風衣……），有裝扮分數。

3. 下週表演時，各組同學協助「偵探」尋找劇中的理性或非理性想法，並找出一個非理性想法駁斥之（請先預習第七單元手冊），再將討論結果寫在黑板上，老師檢討評分之。

下週預告

如何去除非理性想法呢？

下週讓我們踏出挑戰的第二步，

迎戰非理性想法！！

迴　響

＊＊＊＊＊＊＊＊＊＊＊＊＊＊＊＊＊＊＊＊＊＊＊＊＊＊＊

讀後感，我的建議……

挑戰的第二步

——駁斥非理性想法

分辨想法

駁斥非理性想法

上一單元的目標，你是否已達到呢？

1. ⟹了解自己理性、非理性觀念的程度

　及其所造成的結果。

2. ⟹了解如何分辨理性或非理性想法。

3. ⟹了解非理性想法不合理的理由。

當你有一個想去除的情緒時，你將怎麼辦？

你如何處理你的「我應該」、「我必須」、「

我受不了」等非理性想法。

讓 我 們 一 起

向 非 理 性 觀 念 挑 戰

——藉著反駁、質問的方法，來證明這些想法
是錯誤的。

如何挑戰呢？

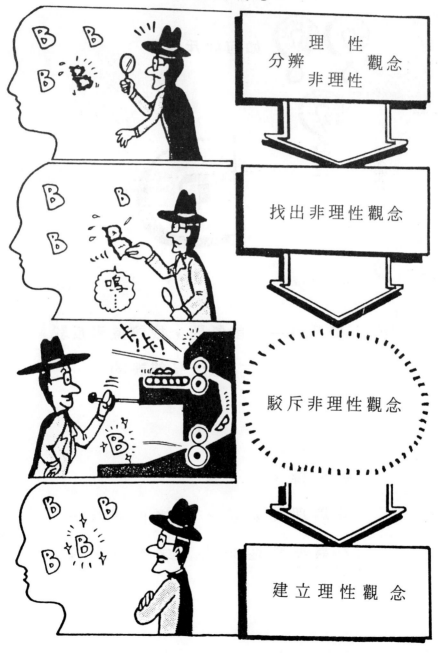

 如何駁斥呢？

「駁斥」——即質問，找證據來反駁
某想法是錯誤的。

經分辨，
若為理性想法，則停止駁斥，
若為非理性想法，才進行駁斥。

▲ 這想法會傷害我

▼ 破壞我與別人的關係

不能達到目標 ▲

這不是事實 ▲

駁斥原則

❋即使情況沒改善，我就真的………

▲這想法誇大了事實。

▲事實上，事情還不致於那麼糟，我也還能忍受。

▲雖然發生某事是不愉快、不幸的，但還不致於到了「糟透了」、「受不了」的地步。

例：被老師叫起來罵

　　✕糟透了

　　✕受不了

　　✕我是個沒用的人

❋為什麼這件事是「糟透了」？令人「受不了」？為什麼這件事「應該」………？

▲這想法使我無法忍受一些不順心、不愉快的事。

▲事實上，沒有任何事必須都順著你的意，必須是你想的那個樣子。

▲雖然事事順心如意很好，但也不表示事情「必須」、「應該」要這樣。

例：想得高分（願望）

　　✕「一定」要得高分

　　✕「必須」要得高分

建立理性的新想法——

駁斥後，新的理性想法與感覺

▲「雖然我不喜歡……，但是還不致於……」

▼「雖然我不喜歡……，但是我仍然………」

一個Ａ－Ｂ－Ｃ－Ｄ－Ｅ的例子

記得上回小英演講的例子嗎？讓我們以此例來說明如何向非理性挑戰。

事件Ａ：小英參加演講
想法Ｂ：？？（尚未知）
情緒Ｃ：十分焦慮、緊
　　　　張、害怕

分辨想法
Ｂ

我應該要講得很好，不可犯錯，犯了錯是很糟的事。

我實在是個沒用的的人，連講話都不會。

萬一講不好被笑，多沒面子。

非理性想法，使小英焦慮、緊張

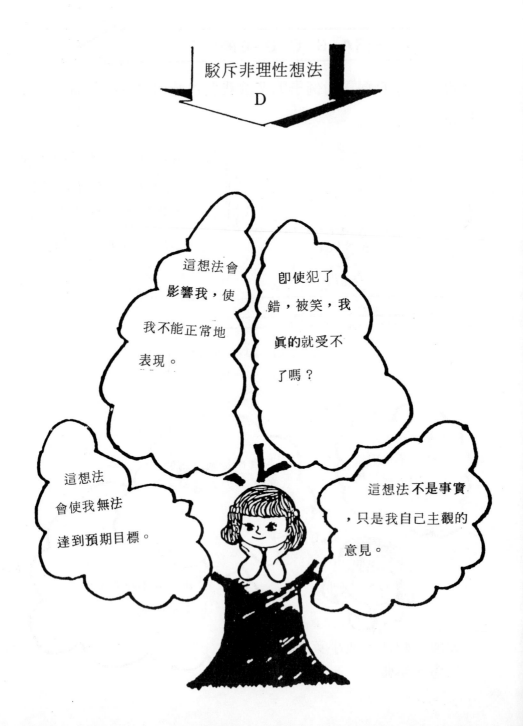

新的想法
E

雖然我不喜歡犯錯，但是如果犯了錯，只會感到生氣，還不致於到「糟透了」的地步。

雖然我講不好，我仍然是個有用的人。

不犯錯最好，但不表示我「一定」不可以犯錯。

一個行為表現≠一個人全部；一件事做不成，並不代表我就是笨。

駁斥一次就夠了嗎？

背書時，只背一次就夠
了嗎？
當然不夠！！

你的想法、習慣是一天
造成的嗎？
當然不是！！

凡事都是累積而成的，要想去除非理性想法
，只駁斥一、二次是不夠的。

此外，光知道是不行的，知道後，要實際去
做，不斷練習，才能有效，才會成功。

──── 有恒爲成功之本 ────

一開始，駁斥可能不發生效用，不論駁斥多少次，焦慮、沮喪的情緒仍在；如果能不斷努力、練習，你會發現「有恒爲成功之本」，快樂自然源源而來，若不信，試試看！！

引起我們不愉快的想法全是非理性想法嗎？都需要駁斥嗎？

⇒只要是人，都會有煩惱，只是大小不同罷了。若煩惱已嚴重困擾到妨礙我們的日常生活時，或是常常產生，則要注意是否非理性在作祟，並非引起煩惱的想法均是非理性的。

⇒只有非理性想法才需要駁斥，理性想法不需要駁斥。

駁斥≠找理由欺騙自己
≠使自己情緒平和即可。

⇒找理由安慰自己亦會使我們情緒平和，但易使我們安於現狀，阻礙我們上進。

駁斥不是找理由欺騙自己，「安心」地不唸書，不求上進。

理性想法都會促進我們成長，使我們更積極努力。

REE（理性情緒教育）並非教我們不要有情緒反應，而是要培養合理的情緒反應，去除過度的情緒反應。
一個理性的人是會有適當、合理的情緒反應。

　讓我們一起來做第一流偵探，

請將各組成員偵察討論的結果寫在此欄中，以便提出報告。

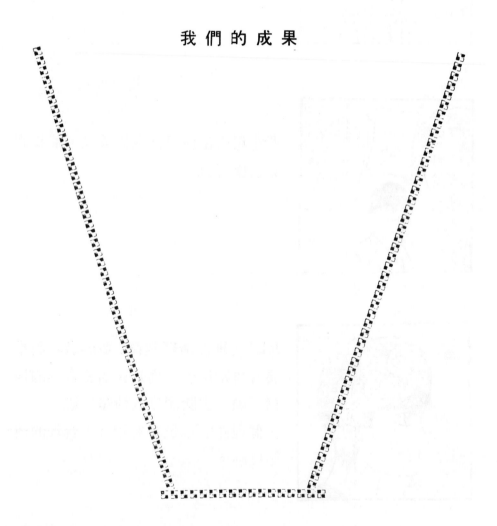

習作園地

A：我和弟弟吵架，媽媽罵我。

C：委屈、難過。

非理性想法B₁

媽媽為什麼偏袒弟弟，「每次」都說我錯？

⇒

駁斥D

▲「一次」偏袒不等於「每次」都偏袒
▲這想法不是事實，太誇大了。
▲這想法會使我與媽媽處不好。

非理性想法B₂

為什麼「每次」壞事都是我，好事「都沒有」我的份呢？

⇒

駁斥D

▲新想法E
雖不喜歡被罵，但還不致於受不了。

我的世界

事件A：＿＿＿＿＿＿＿＿＿＿

情緒C：＿＿＿＿＿＿＿＿＿＿

我的非理性
想法⋯⋯

我的駁斥
⋯⋯

我的新想法
⋯⋯

◆─── 叮嚀與囑咐 ───◆

1. 下週進行「理情之歌排行榜」，各組可事先想想如何將這幾週所學的課程內容，編成一首動聽的歌曲（曲自選），下週上課時發表。
2. 請仔細閱讀 5〜7 單元手冊，下週進行「腦中作業」活動時——每個人站起來分析、駁斥非理性想法，方可順利過關。
3. 請帶 1、5〜7 單元手冊。

◆─── 下週預告 ───◆

你生過氣嗎？

為什麼人會生氣呢？

下週大家一起來揭開謎底。

廻　響

讀後感，我的建議……

補充閱讀

煩惱、困擾再見!!

煩惱、困擾再見!!!

提起「煩惱」、「困擾」，每一個人都希望和它說「再見」。然而，又有那一個人未曾煩惱、困擾過？有人說：「煩惱、困擾就像星星一樣佈滿天空，只要是『人』就會有煩惱、困擾，只不過是大小不同、原因不同罷了。」有些人的煩惱一下子就消失，有些人則需要一、二天，還有些人卻長久地被困擾著。每當相似的事情發生時，自然又陷入同樣的不愉快情緒中，久久不能消除；例如：每次考試考壞時，就會覺得自己怎麼這麼笨；同學表現較冷淡時，則會認為別人不喜歡自己；幾乎每次類似的情境發生時，那種負向情緒自然就產生，使自己常處於不愉快中。為什麼會如此呢？親愛的同學，你是否曾去探討過，到底是什麼原因呢？其實答案很簡單──你不愉快的情緒是由於你的想法造成的；當你認為自己「應該」贏別人時，若你輸了，你就會很難過，但你若不這麼想，認為「自己有進步即可，別人的成績只是用來激勵自己的」，如此，情緒自然就轉變了。

有一位哲學家曾說過：「影響我們情緒的，不是事情的本身，而是我們對事情的看法。」的確，想法會引起情緒，而一些不合理的非理性想法則會引起情緒困擾，使我們陷於沮喪、、焦慮、憤怒的負向情緒中，現在就將我們常有的一些不合理

的非理性想法提出來，並說明其正確、合理的觀念，以替代這些非理性想法。

※「我應該得到每個人的喜愛和讚美」。

※ 合理想法 ⟹ 能得到別人的喜愛和讚美，當然是很好，但即使沒有，我們仍可接受自己，不看低自己。

「他好像不喜歡我了，都不理我。」「他們去玩，都不邀我，我的人緣怎麼這麼差。」一個人希望自己廣受歡迎是很自然的現象，但如果想要得到「每個人」的喜愛，則會隨時隨地都在就心別人對自己的看法，一旦別人不喜歡、不贊同我們時就不快樂，如此一來，自己的情緒則操在別人手上，這是多麼可悲啊！

如果心中存有不合理的觀念，則我們大部分的時間都會花在如何討人喜歡，即使得到後，還會就心這喜愛能維持多久？喜愛的程度有多少？生活就一直處在戒備、提心吊膽的情況下。其實，這又何必呢？「沒有一種鞋子是適合所有人穿，也沒有一種帽子適合所有人戴」，所以，世上也沒有任何一個人可討好所有的人，即使是「好人」也不可能被每一個人所喜歡，至少「好人」就會被「壞人」所討厭。因此，要告訴自己：「能被每一個人喜愛當然很好，但沒有也非世界末日，我仍然有我的優點，我仍能接受自己，肯定自己其他的能力。」要學習「如何在不被他人接納與喜愛的情況下，讓自己覺得未受到傷害」。別忘了，沒有一個人可能被所有人喜愛的；所以，要選

擇自己的生活方式，不要投人所好。

※「我必須很能幹、完美；而且在各方面都很有成就才行」

※ 合理想法 ⟹ 事情做得好，各方面都有所成就，當然是最好，
但人難免會犯錯，總會有缺點的。

「怎麼這次又考輸×××，好生氣哦！」「國文、歷史都
考那麼好，數學怎麼又考這種分數，真是笨死了。」一個人希
望自己有能力在每方面都能表現得很好，並且努力去充實自己
，這是合理的；但是若要求自己非成功不可，一定要贏過別人
，或要求自己必須各種能力都很好，不但每一學科好，還要會
唱歌、打球，樣樣通，不輸人，這就不合理了。

　　往往要求自己能力十足，在各方面表現都要很好的人，會
隨時想要勝過別人，隨時想和別人比較，一旦別人贏過自己就
不愉快，而且常擔憂自己是否能贏過他人？是否會失敗？即使
真的勝過別人，也會擔心下一次是否還能再勝過他人，自己的
快樂與否，完全建立在外界事物的成敗上，被外界事物控制自
己的喜、怒、哀、樂。所以，多處在患得患失、焦慮不安或擔
憂的情緒中。

　　很多人覺得若不能能力十足，在各方面都有成就，起碼也
應該在某一方面有所成就，否則就覺得自己一文不值。他們拿
一個人是否有能力、成就來判定一個人的價值，事實上，這種
做法是不太對的，因為不但沒有人能夠在這方面都能力十足、

勝任愉快，而且大多數人連在一小方面要出人頭地，也是不容易的。我們希望自己能力很強，做事能夠成功，因而努力充實自己，這是合理的想法；但若要求非成功不可時，則容易給自己壓力，使自己變得怕嘗試、怕犯錯、怕失敗，反而無法達到自己的目標。

　　所以，凡事只要盡心在做，在努力的過程中自然可帶來快樂，成功與否是附帶產生的，不是我們主要的目標。同學們不要完全以分數為判定自己好壞的標準，考不好就自認沒有價值，很自卑。在學習過程中有獲得就是最好的，若考不好，也是一種經驗的獲得，自己多懂了些，知道錯在那兒，不也是一種成長嗎？世界上並非常考高分的人才算是有價值的人，只要你活著，你就是有價值的人，不是嗎？你一定有自己的優點，找找看！！

　　除此之外，我們還可確認一些事實：

▲即使一件事，要做到十全十美都是相當困難的，何況是每一件事？

▲要認清自己的能力與限制，我們不是無所不能的神仙，只是普普通通的一個人，沒有一個人可以樣樣精通、十全十美的，每個人總會有優點，更免不了會有缺點。

▲**盡己所能，就是最好的表現，凡事盡心盡力即可。**

▲人難免會犯錯，也免不了會失敗，當我們犯了錯或做壞一件事，它的意義是：「這件事我沒做好」，不是：「我這個人

很差勁，我是個沒用的人」。

※「有些人是壞的、卑劣的，作了一些錯誤的、邪惡的事，應該受到嚴厲的批評與懲罰」

※ 合理想法 ⟹ 做錯事的確不太好，但若他人（或自己）做了不對的行為，就認為是完全沒有價值的人，應受到嚴厲責罰，這就不太合理了。

「他偷過別人東西，真該在監獄中一輩子。」「他曉過課，是壞學生。」人難免會犯錯，我們若只是一直責備或懲罰，不但不能改善他的行為，反而會使他變得更壞。重要的是讓犯錯的人知道自己錯在什麼地方、為什麼錯？對別人造成了什麼傷害？所以，當某些人犯錯時，我們可以這麼想：「他們做了『不對』的行為，可能的話，我盡力引導他們，使他們不再犯同樣的錯誤。」我們並非主張縱容做「錯」或「惡」事的人，但嚴厲的責備並沒有太大的好處，當我們站在別人立場來看時，總會發現他們的行為多少是值得原諒的。

當我們認為別人做錯事就是壞人，應受到嚴厲處罰時，對於自己也會產生同樣的要求，只要做錯了事，就嚴厲地譴責自己，無法饒恕自己。要對自己做的事負責是合理的想法，但若自責過深，做錯事就認為自己無可救藥，這就是不合理的想法了。一個人做了一件錯事，並不等於他就是一個壞人；所以，要把「我（或別人）做了一件錯事」和「我（或別人）是壞人

」分開。

※　**事情都應該是自己所喜歡或期待的樣子，假如發生的事不是自己所期待或自己所喜歡的，就很糟。**

合理想法
⟹人們有權利照他們想要的方式去行動，而非一定要照我們想要的方式去做。

合理想法
⟹凡事為何非照自己所喜歡的情形發生不可呢？

合理想法
⟹世界上既然有形形色色的人，世事的演變又怎能符合每個人的願望呢？事實就是事實，為什麼一定非照自己所喜歡的樣子不可呢？

合理想法
⟹如果遭遇到不愉快，則把它當作一種經驗或對自己的挑戰，能改善則盡力為之，若不能改善則要接受事實。

　　以上所說的這些想法，也是我們要常對自己說的新的「內在自我語言」，希望能藉著這理性思考的方法（常對自己說些正確、合理的想法）來改變自己內在語言，去除非理性想法，建立合理想法和快樂的人生。

 眞的是世界末日嗎？
——「要求」與「災難化」

溫故知新

在上一單元中，你是否更深入了解到：

1. 如何分辨理性和非理性想法。

2. 運用「駁斥五寶」來反駁、質問非理性想法。

五寶是：

(1)這想法會傷害我。

(2)破壞我與別人的關係。

(3)不能達到目標。

(4)這不是事實。

(5)即使情況沒改善，我就真的……，為什麼這件事是「糟透了」？令人「受不了」？為什麼這件事「應該」？

3. 駁斥非理性想法後，即能去除非理性想法，並建立理性的新想法。

4. 駁斥要常練習才會有效。

5. 駁斥ㄅ找理由安慰自己，它會使我們更積極努力向上。

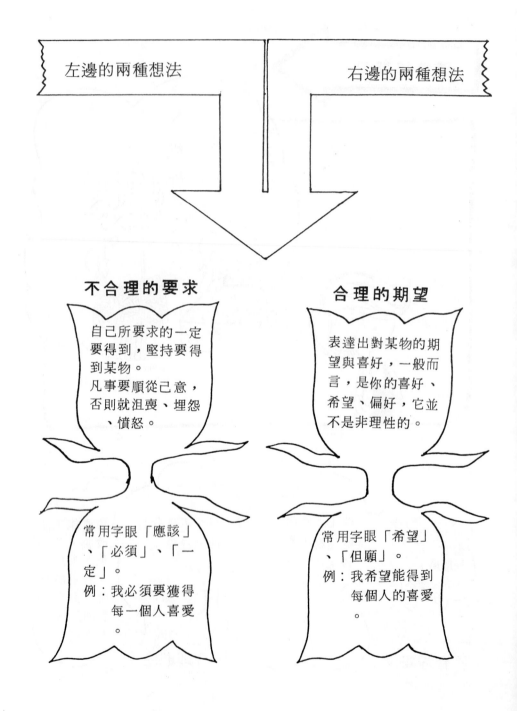

左邊的兩種想法　　　　右邊的兩種想法

不合理的要求

自己所要求的一定
要得到，堅持要得
到某物。
凡事要順從己意，
否則就沮喪、埋怨
、憤怒。

合 理 的 期 望

表達出對某物的期
望與喜好，一般而
言，是你的喜好、
希望、偏好，它並
不是非理性的。

常用字眼「應該」
、「必須」、「一
定」。
例：我必須要獲得
　　每一個人喜愛
　　。

常用字眼「希望」
、「但願」。
例：我希望能得到
　　每個人的喜愛
　　。

連連看

那些球是「期望」？那些球是「要求」？請投入正確的籃中。

我希望英文能考 90 分

我想要一件新衣服

我必須要贏過王小英

我一定要買那雙運動鞋

我希望有更多的朋友

我唸書時，旁邊都應該安靜

這場比賽，我希望我們隊能贏

我希望同學們都喜歡我

若爸媽帶我去玩，那將是很棒的一件事

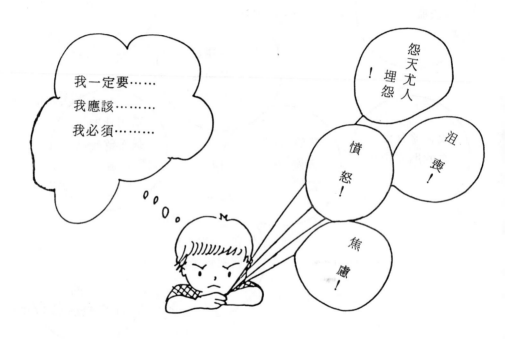

無法達到預期目標時，有不合理要求的人
，常會有強烈、過度的負向情緒反應。

無法達到預期目標時，一個情緒成熟，
做合理期望的人，情緒較平和。

〔例〕

（合理期望）　　　　（不合理要求）

〔例〕

未達目標時，作不合理要求者，會有較強烈、過度的負向情緒反應。

未達目標時，合理期望者，所產生的情緒較平和。

人為什麼會生氣 ➤ 為什麼當我們有不合理的要求時，容易生氣、沮喪，因為我們認為「它不應該是這樣」，所以才會生氣。

認為妹妹把書桌弄亂是「不應該」，未順其意，所以生氣。

認為老師不該天天打人；我不喜歡被打，而老師打我，未照我意思做，所以生氣。

認為老師不該出那麼多作業，所以生氣、煩躁。

➡ 你若沒告訴自己 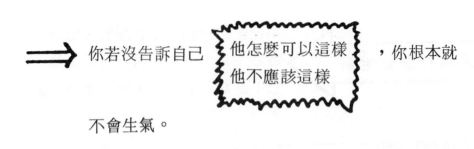 ，你根本就

不會生氣。

➡ ？？爲什麼他不可以那樣做？（例：叫綽號）
的確；他不這樣做會好些。

但若「一定」要事情順自己意思，要求別人「不應該
」如何，則會帶來痛苦、憤恨、沮喪。

➡ ？？爲什麼每件事、每個人都要根據你的喜好來做？
只因爲你想要這樣，就得這樣做？？

➡ 當你有很強烈的意見，認爲別人應該………
　　　　　　　　　認爲你 應 該………
你要求事情應該不是……………
　　　　而　　要……………
你永遠快樂不起來。

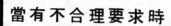

當有不合理要求時　我們常對別人、事情或自己做「要求」。

症狀　挑戰

真沒用，老是跑最後一名。（我應該跑更快的）

跑得慢≒差勁、沒用
一個人的價值，不是由一個行為所決定的。
凡事盡力即可。

當他失敗，他會看輕自己，產生自卑感。

他似乎不喜歡我，好難過，我的人緣好差。（每個人都應該喜歡我）

哼！

每個人價值觀不同，不可能讓每個人都喜歡自己。
即使有人不喜歡你，也不代表自己一無是處。

當他得不到要求時，會自認沒人喜歡他。

氣死人了，要去玩才下雨。老天怎麼跟我作對，煩死了！（上天不該下雨）

由另一個角度來看事情。
憑什麼事情一定要照著自己的意思來進行。

事情不順心，便是與他作對，易發怒。

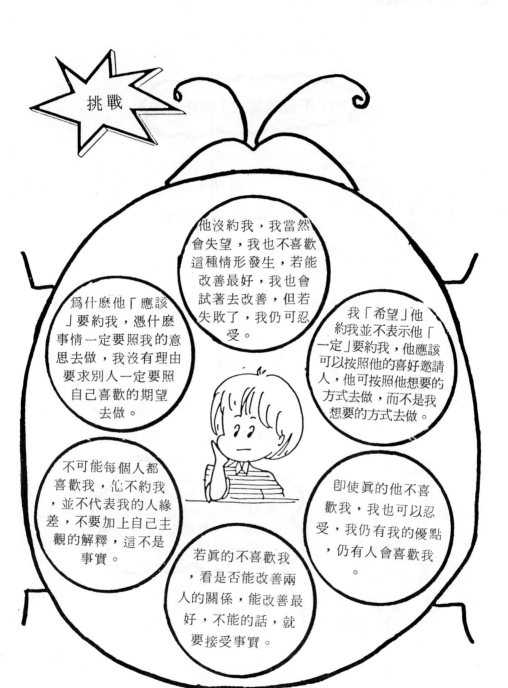

挑戰

他沒約我，我當然會失望，我也不喜歡這種情形發生，若能改善最好，我也會試著去改善，但若失敗了，我仍可忍受。

為什麼他「應該」要約我，憑什麼事情一定要照我的意思去做，我沒有理由要求別人一定要照自己喜歡的期望去做。

我「希望」他約我並不表示他「一定」要約我，他應該可以按照他的喜好邀請人，他可按照他想要的方式去做，而不是我想要的方式去做。

不可能每個人都喜歡我，他不約我，並不代表我的人緣差，不要加上自己主觀的解釋，這不是事實。

即使真的他不喜歡我，我也可以忍受，我仍有我的優點，仍有人會喜歡我。

若真的不喜歡我，看是否能改善兩人的關係，能改善最好，不能的話，就要接受事實。

向「不合理要求」挑戰通則

駁斥「應該」

「必須」

「一定」

❓ ❓ ❓

質問自己：「爲什麼×應要和現在的樣子不同？」

「爲什麼×一定要按我想要的那樣去做？」

告訴自己：

我不喜歡×，我希望×不存在，能改變；若能改變×最好，我也會試著去改變（去做），但若我失敗，我仍可忍受。

你可能仍會不喜歡×，會生氣、會討厭×的存在，但不會被過度、不必要的憤怒、沮喪所困擾。

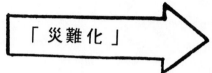

「災難化」　　　常把事情「悲劇化」、「誇大」
　　　　　　　　，覺得「糟透了」、「很可怕」

這是大災難！糟透了！我是沒用的人 !!!

有些人常將一些不愉快的事，視為「災難」，

認為很糟糕、可怕，故常有情緒困擾。

✦的確會不愉快，但不致於變成「災難」、「糟透了」✦

困難、挫折的確帶來不愉快的情緒（失望、傷心）
它可能是艱苦的挑戰，但絕非「災難」。

當人們基本需求（食物、衣物、住……）被剝奪時，
才是真正的災難。

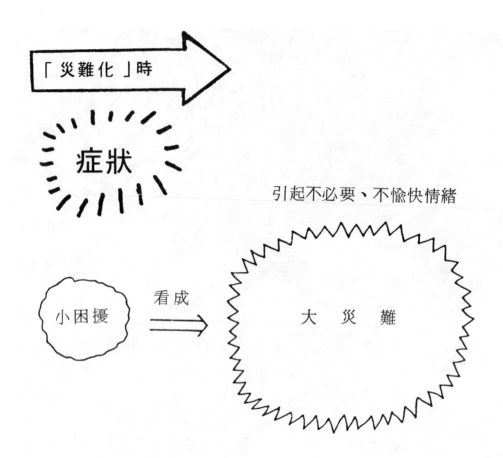

例：小弟不聽我的話→這還得了，他怎麼可以不聽我的話。

　　月考考壞了→真糟糕，我怎麼又考壞了，以後都完了。

　　演講比賽失敗→我的能力太差了，實在糟糕，我太沒用了
。

向「災難化」挑戰通則

駁斥「糟透了」
　　「可怕極了」
　　「受不了」

當你聽到自己說「糟透了」、「可怕極了」及「受不了」時
？？？

質問自己：「為什麼×是糟透了？」「有什麼證據證明×是糟
　　　　　透了？」「我真的受不了嗎？」

告訴自己：

我的確不喜歡×，當×發生
時，我感到不愉快，但是這並不表
示×是糟透了，或可怕極了，我還是可
以忍受的。我可以儘量改善，但
若無法改善，我雖仍不喜歡×，
但仍能忍受。

理情之歌

排　行　榜

我　們　的　歌

****

****

配配看

習作園地

何者為合理的期望？何者為不合理
的要求？請用劃線的方式連連看。

合理的期望

不合理的要求

1. 這次一定要贏王小英，
若能贏她，我會覺得很
棒，若輸她，我會很憤
怒。

2. 如果我得不到我想要的
禮物，我將會很失望。

3. 我希望我的籃球打得更
好，如果我比賽時，打
得很糟，下次我會更努
力。

4. 同學們分組，若沒有人
來邀我同組，那實在是
很沒面子的事，同學們
一定都不喜歡我。

5. 我希望爸媽帶我出去玩
，若他們不能帶我去，
我會蠻失望的。

❖━━━━━ 我的世界 ━━━━━❖

你是否可用「糟透了」、「不切實際要求」
寫出一個非理性想法，並駁斥它。

事件：

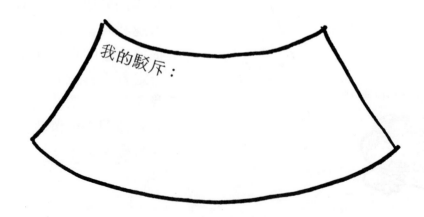

我的駁斥：

叮嚀與囑咐

▲挑戰！挑戰!!向自卑感挑戰!!!▲

下週主席排、各組要好好表現哦！可用歌唱、歌劇、演戲、雙簧、數來寶、討論報告、相聲等方式來表現三個主題：

(1)平日最令自己自卑的事。

(2)自卑當時的想法。

(3)如何對抗這自卑的想法，如何才能使自己不再自卑，要勉勵自己什麼話才不會自卑

～～看你們的嘍！～～

▲各組於課前收集鼓舞人向上，使人不再自卑的至理名言，愈多愈好。▲

下週預告

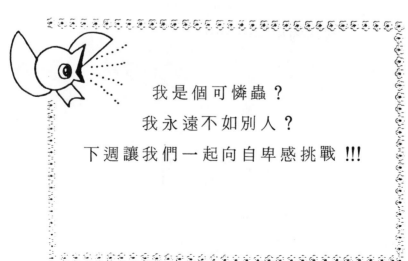

我是個可憐蟲？

我永遠不如別人？

下週讓我們一起向自卑感挑戰!!!

◇◇◇◇◇◇ 迴　響 ◇◇◇◇◇◇

****
讀後感，我的建議、心得、疑惑……

****

◇◇◇◇◇◇ 補充閱讀 ◇◇◇◇◇◇

駁斥的型態………

一個駁斥的實例

　　事件A：同學去玩，沒約我

　　情緒C：難過、沮喪、氣憤

理性想法：

希望他們約我去，

但他們沒約我，蠻失望的。

（沒約我，也沒什麼大

不了）

非理性想法1：

大家都不喜歡我

我的人緣好差

（誇大）

非理性想法2：

應該約我去

應該喜歡我

（不切實際的要求）

大家都不喜歡我

應該約我去

駁斥

質問自己

1. 這想法易引起困擾，對我無益，傷害我，使我自卑、沒信心。
2. 不是事實，是主觀想法。
   有些人不喜歡我，並不代表所有的人不喜歡我，不能太以偏概全了。

1. 此想法易引起困擾，對我無益，會影響我與別人的關係。
2. 這不是事實，是主觀想法。
   他們為何一定要約我？
   凡事不可能皆順我意。

3. 為什麼沒約我去，就代表大家都不喜歡我？我的人緣不好？大家真的「都」不喜歡我？我的人緣真的這麼差？

3. 為什麼他們「應該」約我去？
   為什麼他們「應該」都喜歡我？
   沒約我去，難道我就真的無法忍受？

雖然我不喜歡他們沒約我，但還不致於到「受不了」的地步，能約我最好，不約我也不會怎樣，也不是世界末日。

凡事不可能都照我想的那樣進行。他們沒有理由一定要喜歡我，他們有權利找他們喜歡的人去玩。

有些人不喜歡我≠所有人不喜歡我
不約我≠人緣差
不能因一件事否定我整個人的價值。

——告訴自己事實
——新的想法

我不能期盼每個人都喜歡我。
我不能期盼每個人去那兒都約我。
我也不可能被每個人所喜歡。

並不一定去那兒都在一起，才代表喜歡。

解　說

不能因他們沒約我，就生他們的氣，這樣未免太
　小心眼了，因一件小事就使友誼破裂，那友
　誼就太經不起考驗，太不穩固了。
他們可能有原因，所以沒約我（以爲我不喜
　歡他們、不喜歡去、他們先約好了…）。
一些人不喜歡我≒所有人不喜歡我
沒約我去≒我人緣不好（太以偏概全了）

改　善

情況是可以改善的，譬如你可更平易
近人、主動找他們……等。
若眞的不能改善，也沒有關係，因爲
還有其他朋友啊！

向自卑感挑戰

——缺陷也是一種美

在上一單元中，你是否更深入了解到：

1. 你能分辨合理的期望與不合理的要求嗎？

2. 我「想要」一件事物≠我「一定」要得到它。

3. 人為什麼會生氣呢？

　　因為我們認為「它不應該是這樣」，所以才會

　　生氣。

4. 當我們認為某事「應該」、「必須」怎樣時，

　　就可以告訴自己「為什麼這事一定要按照我想

　　要的那樣去做呢」。

5. 困難、挫折的確會使我們不愉快，但絕不致於

　　到「糟透了」的地步。

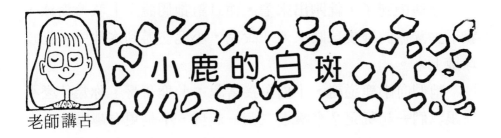

老師講古

從前有一隻小鹿，和他的媽媽一塊兒住在森林裏；可是，小鹿並不快樂。

小鹿的心裏常在想：「老天爺太不公平了，人家兔子的毛又白又漂亮；松鼠身上的毛也很好看；就只有我，身上長了那麼多白色的斑點，說多難看就有多難看。」

原來小鹿不快樂，就是因爲身上這些白色的斑點。牠不想和朋友們一起玩，總是遠遠站在一邊，看著別人玩皮球。

有一天，小鹿的朋友松鼠和白兔很快樂地玩著皮球，一不小心，皮球掉到水池裏了。但是牠們兩個都不會游泳，白兔和松鼠你看著我，我看著你，一點辦法都沒有，只好在小池旁邊大喊大叫。

　　小鹿聽到了，就跑出來看，而且對牠們說：「我會游泳，我下去幫你們撿皮球回來。」說完，小鹿便游到水池中，把皮球撿上來。

　　牠們向小鹿道謝，小白兔接著說：「鹿哥哥，你為什麼不來跟我們一起玩呢？來嘛！三個一起玩，不是更有趣嗎？」

　　小鹿不願意把自己的心事告訴牠們，一句話也沒說，就轉身回到樹林裏了。

　　正在這個時候，樹林裏傳出一陣很大的吼叫聲音，接著，有一隻大獅子遠遠地朝牠們走來。大獅子一面走，一面吼叫著：「我還沒吃飯呢！一隻小鹿、一隻松鼠和一隻白兔，正好夠我吃一餐。」

　　三隻小動物嚇得直發抖，這時候小鹿的媽媽從樹林裏跑出來，把牠們叫來身邊，安慰牠們不要害怕。

　　獅子看見又來了一隻大鹿，更加高興地吼叫著走過來；鹿媽媽就細聲地對三個小傢伙說：

「你們不要害怕，白兔和松鼠你們兩位要快跑，白兔弟弟你要想辦法找個洞躲起來；松鼠弟弟你要趕快找棵樹爬上去，這樣你們就不會有危險了。小鹿，你跟著媽媽跑！好了，現在大家就開始跑！」

大家很快奔跑，一會兒，白兔不見了。

「媽，糟了，白兔弟弟怎麼不見了呢？」小鹿看不見白兔，一邊跑，一邊問著媽媽。

「才不是呢！」鹿媽媽笑著說：「白兔弟弟已經找到一個洞，鑽進去躲起來了，你放心好了。」

小鹿很害怕地說：「媽，要是我們能像白兔一樣鑽進洞裏，該有多好呢！」

鹿媽媽說：「我們身上有白色斑點，非常有用，不必害怕。」

「媽，您說什麼？」小鹿聽不懂媽媽的話。

牠們又跑了幾分鐘，松鼠也不見了，小鹿著急地問鹿媽媽

說：「媽，松鼠弟弟是不是被吃掉了？」

鹿媽媽指著遠遠的一棵樹說：「你放心好了，牠就在那棵樹上！」小鹿看到松鼠在樹上跳來跳去，獅子在樹下氣得發瘋。

小鹿又對鹿媽媽說：「媽，要是我們會爬樹就好了。」

「別急，我們身上的白色斑點也一樣有用呀！你等著瞧好了。」

鹿媽媽說著，便帶著小鹿跑到樹木很多的地方停了下來。

「媽，為什麼不跑了呢？」小鹿擔心地問。

鹿媽媽說：「孩子，不要說話，千萬不要動，獅子正在走過來啦！」

果然，獅子捉不到松鼠，正朝著牠們站的地方走過來。小鹿怕得發抖，就是不敢動，也不敢吭聲。

等獅子走遠了，小鹿才放心向鹿媽媽說：「媽，剛才獅子

怎麼沒看到我們呢？」

「孩子，你要知道，這次是我們身上的白色斑點救了我們。太陽光照在樹葉上，整個樹林裏看起來就像一片斑斑點點的，和我們身上的斑點一樣，所以獅子當然就看不到我們了。」

小鹿聽了，高興地點著頭說：

「喔！原來是這樣。難怪您說我們身上的斑點也很有用，那時候，我真不懂您的意思。」

從此，小鹿不再擔心身上的斑點不好看了，天天快快樂樂地和其他小動物一起玩。

讀　後　感

我們多半只看見自己的短處、缺點，
常忽略自己仍有許多長處、優點。

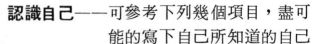

認識自己──可參考下列幾個項目，盡可能的寫下自己所知道的自己，寫在四周的圓圈中。

1.興趣：偶爾喜歡畫畫，通常不喜歡做家事，喜歡郊遊⋯⋯。

2.個性：豪爽、開朗、公正、負責、偶爾不誠實⋯⋯。

3.情緒：有時覺得孤獨，大多變快樂⋯⋯。

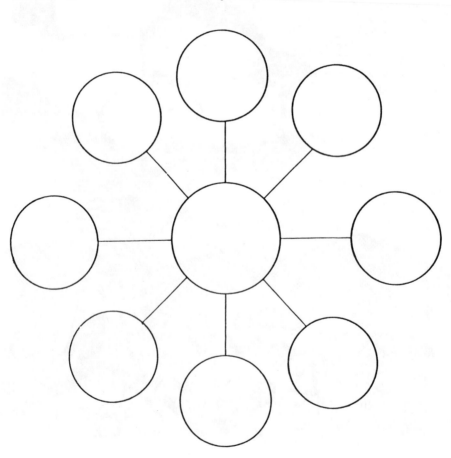

其中的一環是否代表你整個人？當然不！別人說你是怎樣的人
，你就是怎樣的人？當然不！我還有其他特質。

⇒每個人都有許多個面，

　　　　一個面≠整個人。

人有多個層面，許多特質才構成「你」；所以，你做壞一件事
，只是一個行為，不代表你整個人的好與壞。

我們常拿一個行爲或一件事來評定自己的好或壞。

事實上，一個行爲、一件事≠整個人的價值。

　例：數學不好≠我差勁

　　　成績不好≠我很笨

不能以一個行爲來抹煞其他多數的特質。

遭遇挫折時……

是否還會記得其他好的特質

千萬不要在自己最軟弱的時候來評判自己

別忘了！！

～沒有一個人是全好或全壞的～

～一個缺點並不代表我全部，

我仍有許多優點。～

完美主義的悲哀

　　王小明是國中二年級的學生，他一向好勝心很強，不服輸，凡事總想勝過別人。每次考完試，他總會很注意別人的分數，和別人比較，若輸了，則心中覺得懊惱、氣憤，久久不能平息。若勝了，則會十分開心，但高興時間往往不長，因為馬上又有考試了，需要趕快再唸，唸書時，心中又老擔心是否會考糟？能不能考好？萬一考壞了怎麼辦？

　　每次要考試時，總好像「大難臨頭」，十分緊張，因為自己很在乎是否成功？是否能贏過別人？故他的生活似乎永遠活在擔心、難過、沮喪之中，好的成績並未給他帶來快樂，反而更增加心中負擔，擔心下次是否還能考得很好？

美術第一

英文第一

體育第一

數學第一

　　勝利與否似乎掌握了他的情緒，所以，小明雖然一直成績不錯，各方面表現也很好，但他却不快樂，爲什麼呢？

　　各位同學，你知道原因在那裏嗎？是否能替小明「診斷原因」，提出「快樂良方」？

快樂良方

我的診斷：

因小明一直認爲「我應該比別人好」，此種非理性想法使他產生困擾，他無法認淸「每個人都各有長處」、「自己不可能每樣都精通的」。當有些科目考不好時，應了解別人也有長處，天下的好處怎能讓你一人佔盡了，也要分點給別人啊！是不？我們盡力卽是，但表現不佳時，要承認別人優點，勉勵自己再接再勵，再難過也沒用，不如把難過的時間拿來唸書還划算些，你說是嗎？

給完美主義的快樂良方

老師講古

人可能不犯錯嗎？

　　世界上找得到毫不犯錯、從未遭遇過挫折的人嗎？當然不可能。自嬰兒時期隨地「大小解」，到現在偶爾地寫錯字，幾乎都常常在犯錯，卽使偉人也都會犯錯或有受挫折的時候。像愛因斯坦的數學就曾考不及格過，前美國總統艾森豪在西點軍校時，經常違規犯過，差點被退學；愛迪生也曾被當作低能兒而開除。

　　世界上每個人都難免會犯錯，犯了錯就代表此人不好嗎？「發明之王」愛迪生有一次坐在牆邊，看到一隻母鴨帶著一群小鴨，正在尋找洞想穿過牆，到另一邊去。愛迪生自以爲很聰明的挖了兩個洞，一大一小。朋友很奇怪的詢問他爲何要挖兩

個洞，他很得意的說：「大洞大鴨過，小洞小鴨過啊！」你能因為這事就否定他的成就嗎？就認為他很笨嗎？

　　「他做錯了事」代表「他把一件事做壞了」，但不表示「他是笨蛋，他是壞人」。所以，我們常以一個人的行為來評定他是「好」或「壞」，這樣是不公平的。我做任何事並不代表我就是那種人，一個行為並不代表整個人，就像一個沒氣的輪胎不會使整個車子都沒用。犯錯（考壞、做壞事……）不會使我變成一個沒用的人，何況只要我活著，我就可能會犯錯。

　　人難免會犯錯，最重要的是不要被挫折擊敗，不要告訴自己「這情況真糟」，要接受它的存在，了解事情未必都能完全符合我們的意思。若要一直責怪自己犯錯，倒不如把這精力拿來糾正自己的錯誤；所以，能由錯中學習，才是最好的方法。

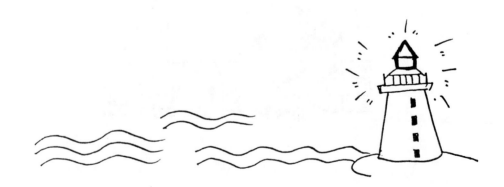

犯錯並不可怕，重要的是，要由錯誤中學習，才能不斷進步。

犯錯面面觀

數學
30

又不及格了，怎麼這麼笨！

人難免會犯錯，我得看看這次錯誤在那兒，下回別再犯了。

考不及格並不代表我笨。一個行為≠整個人。人是那麼複雜，怎可用一件事來評定好壞。

到目前為止我是考不好，但只要我一直努力，下次或以後，可能就會考好了

我盡力改善，若還是考不好，也不代表我沒用，我尚有其他優點、長處。

考不好的確會難過，不過再難過也沒用，不要再自責了，趕快唸書。

犯了錯，並不能抹煞我其他的優點。

我不喜歡犯錯，但我不可能十全十美，我也不可能每一科目都考得很好，只要我盡力就好了。

犯錯後要改善、改進，而非自責或責備他人。

優點轟炸

別人送給我的禮物

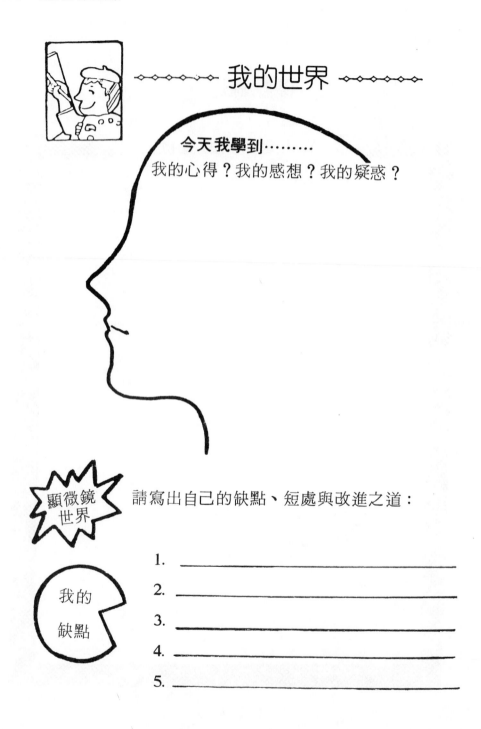

我的世界

今天我學到………

我的心得？我的感想？我的疑惑？

顯微鏡
世界

我的

缺點

請寫出自己的缺點、短處與改進之道：

1. _____

2. _____

3. _____

4. _____

5. _____

改進缺點
的方法

1. _____
2. _____
3. _____
4. _____
5. _____

心有
千千結

寫出自己最自卑的事一件，並練習駁斥它。

最自卑
的事

_____

我的駁斥

1. _____

2. _____

3. _____

﹝─◆─◆─ 下週預告 ─◆─◆─﹞

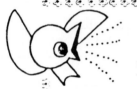

天下沒有不散的筵席

沒有分離，那來的相聚？

進行了九次課程，你學到些什麼？

整理一下，下週分享

﹝─◆─ 叮嚀與囑咐 ─◆─﹞

理性情緒課程到此告一段落，想想！這九次上課中，你學到了些什麼？是否應用到日常生活中？？？

下週我們將以搶答方式進行總複習。有全班搶答、指名同學回答、各組輪流回答等各種方式。

※瀏覽 1～10 單元手册內容，尤其 7. 8. 9. 單元。（請詳閱關鍵題、補充閱讀）

※請帶第 1、10 單元手册。

◆━━━━ 迴　　響 ━━━━◆

```
************************************
*  讀後感，我的建議……              *
*                                  *
*                                  *
*                                  *
*                                  *
*                                  *
*                                  *
*                                  *
*                                  *
*                                  *
*                                  *
*                                  *
************************************
```

◇━━━━ 補充閱讀 ━━━━◇

1. 快 樂 是 ………

2. 告 訴 自 己「 好 好 愛 我 」

快樂是把缺點看成藝術

柯老闆

　　柯老闆是典型的完美主義者，挑剔、批評、帶點神經質。

　　公司裏的人，似乎從來沒有做過一件令柯老闆滿意的事情。除了垃圾桶裏的廢物，柯老闆要求每一樣東西排列整齊，每一件工作與目標分毫不差。

　　會計小姐不只一次哭喪著臉抱怨：「真不知道該怎麼做，才不會挨老闆罵。」她說：「我們老闆真是好挑剔！」

　　柯老闆也對自己苛責：一封普通的信，他可以寫了再寫、撕了又撕，花上兩個鐘頭，寫掉一疊信紙；平常出門，他總是穿西裝打領帶，皮鞋一塵不染，連手帕也熨得方方正正，固定放在左邊的口袋裏。

　　碰到這樣一個「嚴律己、嚴責人」的老闆，他的屬下只得大嘆吃不消。

　　一群年輕人到了鶯歌，他們走遍街上所有陶藝店，找不到喜歡的東西，却意外地在垃圾堆中，撿拾未上釉彩的藝品。每一件藝品都可以找出瑕疵，在商場上一文不值。但這群年輕人却喜歡它們的樸拙，視為無價珍寶。

　　一位著名的芭蕾舞星登台表演，在美妙的旋轉中不慎失誤，全場觀衆竊竊私語；但她不為所動，繼續展現優美的舞藝。當她精疲力盡謝幕之際，獲得如雷的掌聲。觀衆似乎忘了那瞬間的失誤，而為她精湛的舞藝折服。

在柯老闆的眼中，瑕疵就是廢物，失誤就是失敗。他不能容忍自己的瑕疵，更不能忍受他人的失誤。但是瑕疵和失誤總是不斷地發生，使得他愈來愈不喜歡自己，也不喜歡別人，因此他成爲一個不快樂的人。

追求完美原是藝術的最高境界，但是完美並不是藝術的唯一評價標準，有人認爲殘缺也是一種美；而任何一種完美，從另一個角度來看，也有不完美的地方。追求完美可說是生命和藝術的過程，而不是急於展現的成果。

心理學家哈克博士對完美主義者提出一帖快樂良方：「接受它，但永遠不要忘掉它！（Forgive but never forget！）」

對於任何一項缺點，我們可以接受它、原諒它，但却不要忘記它！接受缺點的存在，使你器度大開；原諒別人的缺點，爲你贏得尊重；而唯有把缺點當成難忘的經驗，你才能避免以後發生同樣的缺點，追求生命中的完美。

柯老闆的字紙簍裏，有太多未完成的信件。他每撕掉一張信紙，心裏就增加一分煩躁。他爲這封信花掉的兩個鐘頭，大部分是在煩躁不安中度過的。但是如果他把寫壞的信紙放在一邊，靜下心來想想不滿意的地方在那裏？也許他可以很快地把一封信寫完，而不必每一次都重頭開始。

會計小姐總是被柯老闆指責，她也許從不知道自己的毛病在那裏，只是跟著大家說老闆的不是。柯老闆如果在打官腔之外，能夠幫助會計小姐找出自己的毛病在那裏，也許同樣的缺點就不會一而再，再而三地出現。

即使會計小姐眞的是「無可救藥」，柯老闆也應該找出到底爲什麼無可救藥。下次找人時，眼睛就得放亮一點，不要再找會犯相同錯誤的人。

一位社團負責人感慨地說：「我搞了這麼多年社團，最大的收穫就是學會欣賞別人的缺點。」

小小的缺點，有時令人著迷；瑕疵的廢品，仍有被珍藏的可能。把缺點看成藝術，你會發現它可愛的一面。從缺點獲得經驗，才可能擁有眞正的完美。（改寫自「張老師月刊」）

快樂是發現自己還不太難看

胖亞當

同學裏，胖亞當九十公斤的體重，永遠使他成爲團體中的焦點。小胖從小就不喜歡體育課，跑不動也跳不高的他，最怕跳箱或墊上運動，幾乎每一次，他都是狼狽地掛在箱上，當全班的笑料。

小胖試過各種減肥偏方，但是不管他如何努力，磅秤上的指數最多只會不情願的下降一、兩格。哥哥笑他：「你別作夢了，會胖的人喝白開水也會胖！」

小胖眞是痛恨自己腫腫的一身肉，他憤憤不平地抱怨著：「老天眞是不公平，爲什麼平白無故，我就得比別人多長一堆肉？」

身材不好是胖亞當最大的困擾，他相信所有的不順利，都肇因於一個「胖」字。

名演員孫越先生，天生一個大鼻子，他認爲那是世界上最醜陋的鼻子，竟然長在他的臉上，令他相當困擾。每次攬鏡自賞時，眉、眼、鼻、口的弧線就自然的向下彎曲。有一天，他突然對著鏡子笑了笑，覺得自己還稍微有些看頭；他又多笑了幾次，發現那個大鼻子也在笑，而且是五官中最有喜感的部位，於是孫越開始喜歡、欣賞自己的大鼻子，也讓它帶給觀衆們無限的歡笑，並使自己以開朗而肯定的胸襟面對以後的演藝事業。

在虛榮浮華、時尙新潮的社會裏，我們經常會有意無意地注意自己的長相；而對自己長相的看法，又會因不同的年齡、性別、人格特質及流行趨勢改變。不論對自我長相的看法如何改變，我們始終擺脫不了它對情緒的影響。

就像胖亞當一樣，過胖的身軀，使他害怕上體育課，怕自己笨拙的身手被人當笑話看待，圓圓的身材讓小胖十分自卑。不論做任何事情，胖亞當都先考慮別人會怎麼看他，怎麼說他，怎麼笑他。所以，只要是可以逃掉的活動，他都不想參加。「別人一定會笑我」的想法，已深深地埋在心中，和胖亞當朝夕相伴的是寂寞、自卑、自憐、自怨，他把這一切都歸究於一個「胖」字。

大部分的我們，都和胖亞當一樣，稱不上是美女或俊男，總是有那麼點讓自己不喜歡的地方。不是嫌自己太胖、太瘦，就是太高、太矮，或是鼻子太大、眼睛太小、胸部太平、腳丫子太大、……。這些既成的事實，常令我們束手無策、平添煩惱，還得在意別人的眼光；因此，很多人會承認自己的無能爲

力，消極的對待這些不美的部分，所以，總是快樂不起來。

　　也有些人會因自己長相不夠好看，而拚命朝著心目中美好的形象努力，希望塑造出一個漂亮的自己，像割雙眼皮等。有的女人認為唯「瘦」即美，每天吃瀉藥減肥，結果，她的確是窈窕不少，對瘦巴巴的身材十分滿意；但在別人看來，她猶如一副會行走的骨架子，毫無美感可言。

　　孫越是個相當能夠接受自己外在不美的例子，他很能體會出：若是自己都不喜歡自己的話，又怎能期待別人喜歡呢？要別人喜歡自己，就得自己先喜歡自己，一個人能不能欣賞自己，能不能接納自己的缺點，往往需在情緒過後，理性的想一想，認真的看看自己。胖亞當一直告訴自己：「我太胖了，別人一定會笑我」，使他始終封閉在自己的艾怨世界中；要是試著告訴自己：「我的胖常為朋友之間帶來許多歡樂」相信不僅是別人快樂，胖亞當自己也會輕鬆自在多了。

　　所以，在你抱怨自己的小眼睛、大嘴巴時，不妨先聽聽心理學家們的建議：你真正討厭的並不是自己的外型和長相，而是討厭你的害羞、笨拙、孤僻、沒有安全感，以及缺乏開闊的胸襟。遺傳基因的影響拘限了我們的外在美，但是內在美則是我們可以追求的。給自己一段時間，試著去接納、欣賞你那最不美的地方，慢慢的，你會發現，其實自己長得還不太難看嘛！

　　完全接納自己後，才能接納別人走進自己的生活裏。

好好愛我

　　你自卑嗎？或許有一點，或許很嚴重。自卑是指一個人覺得自己不夠好、不夠完美的感覺；例如，你認為別人能力比你強，樣樣都好，但自己却什麼都不行，差別人很遠，於是就產生了自卑感。其實自卑感常常是自己心裏作祟，事實上你並沒有想像中那麼差，不信，找找看，一定有你能而別人却不能的地方。

　　一個自卑的人，往往把焦點集中在自己身上，十分注意別人對自己的反應，對別人的讚美很重視，對別人的批評也十分敏感，且常將別人的批評牢記在心，有時，甚至將別人的讚美視為諷刺，常會鑽牛角尖。

　　由於對自己的不滿意，有些人就會採取一些行為來保護自己，例如：有的藉著打擊別人或吹牛來使自己顯得突出；有的則躲在自己的世界裏，儘量避開競爭的場合；有的可能就故意打架、唱反調，表示他是「敢作敢當的英雄人物」，如此才能成為受「注目」的目標；或有人不願承認自己矮小，拚命穿高跟鞋來墊高；有的人不願承認自己老了，拚命作怪，作年輕人打扮……，像這些人多是對本身不滿意，因而拒絕或不接納自己的真面目，而硬要裝扮成另一種樣子來「自欺欺人」，如此阻礙了自己的成長，影響自己的心理健康。

　　我們應該確認「人各有所長」、「我生下來就一定有用」的事實。然而，我們常常只看見自己的缺點，時時不忘過去曾

遭遇過的失敗，只知自己的短處，却忘記自己的長處。的確，我們有不是的地方，也有很多缺點，但誰沒有呢？

不是可以彌補，缺點也可補救，其餘實在無法彌補、補救的，我們便要接受，譬如：我們只有一百元的資本做生意，而缺少了一千元，那麼千萬不要爲了缺少一千元而埋怨自己，反而要利用僅有的一百元資本去努力經營。

各行各業中，成功的人並非是全無缺點的人，只是他們能善用其優點，不因本身缺點而氣餒，經不斷努力，衝破難關才成功的。

在西方的寓言裏，有這麼一則故事：有一群動物在討論如何透過訓練，使自己成爲樣樣精通的好手；於是兔子、松鼠、鳥、魚……等全部以他們的特長：跑、跳、飛、游泳……等作爲課程來訓練，於是，兔子要學魚游泳、魚要學兔子跳躍、鳥需要學跑、松鼠也得學飛……；結果，兔子不但不能飛，連牠最拿手的跑步也變慢了。每個動物搞得疲累不堪，反而使自己最好的能力都要退化了。這個故事告訴我們「當我忘記自己的優點，而一味地去學習、模仿別人時，可能連自己的優點都埋沒、破壞了。」

不要只看別人的優點，埋怨自己的缺點，一味的羨慕他人，只會使自己的優點、專長更不易發揮。我們可以學習他人的優點，但更重要的是發掘自己的優點，使自己的能力得以發揮。

我們不但要多發掘自己的優點，而且要接納自己的缺點。在失敗之時，更別忘了替自己打氣，不要因此否定了自己的能

力。「世界上最悲慘的事莫過於一個人不願當他自己、討厭自己、恨自己的不如人」。

　　相信各位同學一定都有失敗、挫折的經驗，但每個人的結果不同，有的人被失敗打倒──英、數考壞，從此不讀書；有的人則愈挫愈勇──愈是考不好，就愈下功夫去讀，當然往往後者才會成功。

　　俗語說得好：「**人生最大的光榮，不在於從不失敗，而在跌倒後，仍能勇敢地爬起**來。」凡事只求盡心，若盡了力，即使失敗亦應坦然接受。

　　有一種梅毒治劑叫「六〇六」，是代表經過六百零六次試驗才研製成功的。你能說那一次是失敗呢？不，每一次都成功了一點點，所以說，**世界上沒有所謂的失敗，只有遲來的成功**。

　　總之，我們要學著多信賴自己一點，若不信賴自己，小小的挫折也會使自己受不了。所以，要多相信自己的能力，遇到失敗、挫折，仍能接納自己，不否定自己，而且常告訴自己：「我蠻好的，雖然我有不少被挑剔的地方。」並**大聲對自己說：**「**好好愛我，肯定自己有了不起之處和永遠發掘不完的優點。**」

怎麼想就怎麼感覺

困擾我們的，不是事情本身，而是我們對事情的看法。

「內在自我語言」形成我們的想法
影響我們的情緒與行為。

我們情緒、想法的產生，是由於我們不斷向自己覆誦一些話；
所以，我們也可經由修正自己的「內在自我語言」，來改變自
己的情緒與想法。

情　緒　**A B C**

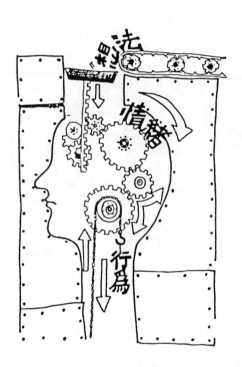

想法(B)決定情緒(C)反應、行動。

✳ 換個想法 快樂自然來 ✳

✳ 同一事件，不同的想法導致不同的情緒、行爲

＊　　一些常引起不愉快情緒的非理性想法　　＊

可偵察關鍵字來尋找非理性想法，並去除之。

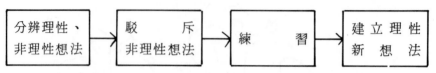

＊ 去 除 非 理 性 想 法 的 方 法 ＊

| 分辨理性、非理性想法 | → | 駁　斥非理性想法 | → | 練　　習 | → | 建 立 理 性新 想 法 |

A. 不愉快事情發生
B. 你對它的解釋、看法
C. 你沮喪、抑鬱

好糟哦！事情不應該是這樣啊！

D. 駁斥、質問

為什麼是糟透了？
為什麼它應該要這樣？

E. 你的回答

沒有那麼糟哦！只是失望、可惜而已，還不致於是一個大災禍，我還可以忍受的。

雖然事事順心很好，但也不表示他們「必須」、「應該」這樣，沒有任何事一定就是你想要的那樣。

＊ 要 多 練 習 才 有 用 哦 ！ ＊

注意

別 弄 錯 哦 ！

理性情緒教育課程

不是要我們找理由安慰自己，
　　　　　安心地不求上進。

×　「沒關係，反正有人考得比我爛。」

×　「考壞了是因題目出得不好。」

○　「這次考壞了，事情做錯了，只代表這件事沒做好，但絕
　　不代表『我是一個沒用的人』。」

○　「考壞了，的確是蠻難過的，但是再難過也沒用，把難過
　　的時間拿來唸書，趕快改善才對。」

○　「即使這科成績眞的無法改進，也不代表我很差，我也還
　　有其他優點。」

理性想法一定是能幫助
我們成長、向上的。

理 情 之 路 終 站
客 觀 地 呈 現 事 實

能像鏡子、照相機般的照出眞實的自己，呈現客觀的事實。

（不誇大，不以偏概全）

理情之路終站

✳　去除非理性想法，建立理性想法　✳

別忘了！

事情沒有你想像得
那麼糟，

「退一步想，
　　海闊天空」

別 忘 了 !

人 各 有 所 長 , 多 發 現 自 己
的 優 點 , 你 將 會 更 快 樂 。

要 記 得，
與其詛罵黑暗，
不如點亮一盞明燈。
換個想法，
快樂必屬於你。

人人都是自己最好的醫生，
你能使自己痛苦，
也能使自己快樂。
生活的主宰者
——就是你自己。

衷心祝福你有個
快樂、美好的明天

輔導諮商 1

讓我們更快樂：理性情緒教育課程

指　導　者：吳武典博士
作　　　者：吳麗娟
總　編　輯：林敬堯
發　行　人：邱維城
出　版　者：心理出版社股份有限公司
社　　　址：台北市和平東路一段 180 號 7 樓
總　　　機：(02) 23671490
傳　　　真：(02) 23671457
郵　　　撥：19293172　心理出版社股份有限公司
　E-mail　：psychoco@ms15.hinet.net
網　　　址：www.psy.com.tw
駐美代表：Lisa Wu
　　Tel　：973 546-5845　　Fax：973 546-7651
登　記　證：局版北市業字第 1372 號
印　刷　者：玖進印刷有限公司
初版一刷：1987 年 5 月
再版一刷：1991 年 9 月
再版八刷：2004 年 3 月

定價：新台幣 380 元

ISBN 957-702-082-8

國家圖書館出版品預行編目資料

讓我們更快樂：理性情緒教育課程 / 吳麗娟著
. －－再版 . －－臺北市：心理，民 85 印刷
面：　　公分 . －－（一般輔導系列；3）
參考書目；面
ISBN 957-702-082-8（平裝）

1. 教育心理學　2.輔導（教育）

521.18　　　　　　　　　　　　　　　85002433

讀者意見回函卡

感謝您購買本公司出版品。為提升我們的服務品質，請惠填以下資料寄回本社【或傳真(02)2367-1457】提供我們出書、修訂及辦活動之參考。您將不定期收到本公司最新出版及活動訊息。謝謝您！

姓名：_____　　性別：1□男　2□女

職業：1□教師 2□學生 3□上班族 4□家庭主婦 5□自由業 6□其他____

學歷：1□博士 2□碩士 3□大學 4□專科 5□高中 6□國中 7□國中以下

服務單位：_____　部門：_____　職稱：_____

服務地址：_____　電話：_____　傳真：_____

住家地址：_____　電話：_____　傳真：_____

電子郵件地址：_____

書名：_____

一、您認為本書的優點：（可複選）

　❶□內容　❷□文筆　❸□校對　❹□編排　❺□封面　❻□其他____

二、您認為本書需再加強的地方：（可複選）

　❶□內容　❷□文筆　❸□校對　❹□編排　❺□封面　❻□其他____

三、您購買本書的消息來源：（請單選）

　❶□本公司　❷□逛書局⇨_____書局　❸□老師或親友介紹

　❹□書展⇨____書展　❺□心理心雜誌　❻□書評　❼其他_____

四、您希望我們舉辦何種活動：（可複選）

　❶□作者演講　❷□研習會　❸□研討會　❹□書展　❺□其他____

五、您購買本書的原因：（可複選）

　❶□對主題感興趣　❷□上課教材⇨課程名稱_____

　❸□舉辦活動　❹□其他_____

（請翻頁繼續）

廣 告 回 信
台灣北區郵政管理局登記證
北 台 字 第 8133 號
（免貼郵票）

 心理出版社 股份有限公司

台北市 106 和平東路一段 180 號 7 樓

TEL: (02) 2367-1490
FAX: (02) 2367-1457
EMAIL:psychoco@ms15.hinet.net

沿線對折訂好後寄回

六、您希望我們多出版何種類型的書籍

❶□心理 ❷□輔導 ❸□教育 ❹□社工 ❺□測驗 ❻□其他

七、如果您是老師，是否有撰寫教科書的計劃：□有□無

書名／課程：_____

八、您教授／修習的課程：

上學期：_____

下學期：_____

進修班：_____

暑　假：_____

寒　假：_____

學分班：_____

九、您的其他意見

_____

謝謝您的指教！ 　　　　　　　　　　　21001